문단열의 중학 영문 소화제

교과서 예문 훈련서 ①

KB168415

❶ 영문법 소화제에 훈련서까지, 복습의 힘을 느껴 보세요!

문법책을 이것저것 여러 권 보지 말고, 훈련서로 복습하세요! 기본서에서 배운 문법을 훈련서로 복습하면 공부 효과가 극대화됩니다.

❷ '소화제 투입'과 친절한 해설로 포기하지 않게 도와줘요!

포기하지 않고 끝까지 도전할 수 있도록 어려운 문제에는 '소화제 투입'을, 문제에는 혼자 봐도 이해되는 친절한 해설을 수록했어요.

❸ 내신 대비 문제 '시험에는 이렇게 나온다' 수록!

해당 과의 문법이 학교 시험에서 어떻게 나오는지 확인할 수 있어요!

❹ 중학 영어 필수 표현은 따로 뽑아 정리했어요!

중학교 시험에 꼭 나오는 표현이므로, 반드시 외우고 넘어가세요!

❺ 복습도 스마트하게! 진단평가와 처방전이 있어요!

주제별 진단평가와 결과에 따른 맞춤형 처방전 제공! 학습 결손을 확인하고, 내 실력에 맞게 효과적으로 복습하세요!

'바쁜 중학생을 위한 빠른 학습법' 시리즈
문단열의 **중학 영문법 소화제 교과서 예문 훈련서** 1권

초판 1쇄 발행 2017년 10월 25일
초판 3쇄 발행 2024년 4월 15일
지은이 문단열, 김애리, 이수정
발행인 이지연
펴낸곳 이지스퍼블리싱(주)
출판사 등록번호 제313-2010-123호
주소 서울시 영등포구 당산로 41길 11. SK V1센터 323호 (우편번호 07217)
대표전화 02-325-1722 **팩스** 02-326-1723

이지스퍼블리싱 홈페이지 www.easyspub.com   이지스에듀 카페 www.easysedu.co.kr
바빠 아지트 블로그 blog.naver.com/easyspub   트위터 @easyspub
페이스북 www.facebook.com/easyspub2014   이메일 service@easyspub.co.kr

본부장 조은미 **기획 및 책임 편집** 이지혜 | 정지연, 박지연, 김현주 **교정 교열** 박진영, 이수정
문제풀이 서포터즈 이지우, 신민경 **일러스트** 김학수 **디자인** 이근공, 손한나 **전산편집** 트인글터
마케팅 박정현, 한송이, 이나리 **인쇄** 보광문화사 **독자 지원** 오경신, 박애림 **온라인 마케팅** 플로드
영업 및 문의 이주동, 김요한(support@easyspub.co.kr)

ISBN 979-11-88612-01-7 54740
ISBN 979-11-87370-82-6(세트)
가격 8,000원

• **이지스에듀**는 이지스퍼블리싱의 교육 브랜드입니다.
(이지스에듀는 학생들을 탈락시키지 않고 모두 목적지까지 데려가는 책을 만듭니다!)

바쁜 중학생을 위한 빠른 학습법! ─ 바빠 시리즈

문단열의
중학 영문법
소화제

교과서 예문 **훈련서** ①

문단열, 김애리, 이수정 지음

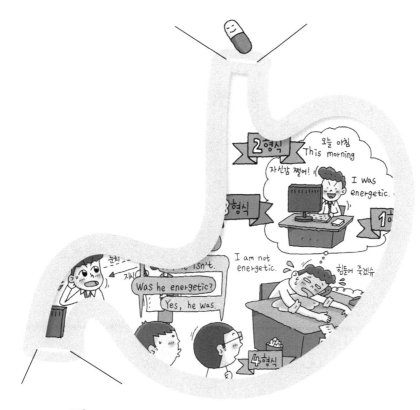

내신까지 뻥 뚫린다!

이지스에듀

외계어 같은 영문법 용어, 내 것으로 소화하기!

문단열의 중학 영문법 소화제

영문법 공부인데 국어가 문제라니!

미국에서 살다 온 친구인데도 영문법 시간에 쩔쩔매는 것을 우리는 흔히 보지요. 영문법 공부는 '영어 공부'이기도 하지만 '영어에 대하여 한국어로 논하는 것'이기도 해서 그렇습니다. 용어만 봐도 그래요. 그냥 듣고 보고 느끼는 hear, see, feel 같은 단어는 쉽게 느껴지지만, 이들의 공통점을 묶어 '지각동사'라고 설명하면 어렵게 느껴지지요. 그런데 중학교 영문법으로 넘어가는 순간, 대다수의 선생님은 이 어려운 영문법 용어들로 영어를 가르치기 시작합니다.

영문법, 영어를 못해서 어려운 게 아닙니다. '국어'가 문제입니다. 외계어 같은 '영문법 용어'를 이해하는 것부터 시작해야 중학 영문법은 소화됩니다.

외계어가 아니라 쉬운 우리말 비유로 기초 영문법 완성!

용어를 알면 영문법은 거의 정복되는 것! 그 지점을 '영문법 소화제'는 정확히 해결합니다. 이 책을 마치고 나면, 정확한 문법 용어의 이해와 더불어 영문법의 기초가 끝납니다! 영문법이라는 커다란 집의 벽돌인 '8품사와 문장 구성요소', 그리고 '구와 절' 같은 '한국어의 추상적 단어'를 적절하고 재미있는 비유를 들어가며 하나하나 잘게 부수어 이해하게 해 주니까요.

영어 나라의 8품사(명동형부 감전대접)가 자라서
문장 회사(주목 보수술)에 취직하는 스토리~
선생님만의 특별한 비유로 영문법의 기초 용어들이
내 것으로 소화됩니다!

문법이 한눈에 보이는 삽화로 감 잡고~ 오래 기억하게 됩니다!

영문법 소화제의 삽화는 그냥 예쁘기만 한 장식적 존재가 아닙니다. 한 번 보면 그 과의 핵심 문법을 알 수 있고, 삽화를 기억하면 책의 내용을 다시 떠올릴 수 있도록, 문단열 선생님이 강의 주제마다 아이디어 스케치를 직접 그려 주었습니다. 나중에라도 문법 내용을 기억해야 할 때 그림을 떠올리면, 무엇을 배웠는지 기억해 낼 수 있을 것입니다!

영문법 소화제로 문법 용어 먼저 소화하세요! 기계적으로 공부할 때보다 영어 공부 속도가 3배 이상 빨라질 거예요.

문법 용어를 교과서 예문으로 복습하기!
문단열의 중학 영문법 소화제 교과서 예문 훈련서

문법 용어를 소화했으면 몸에 착 붙여야 합니다!

기본서 《문단열의 중학 영문법 소화제》로 문법 용어 먼저 소화했나요? 그렇다면 이제 《문단열의 중학 영문법 소화제 교과서 예문 훈련서》로 소화된 문법 용어를 내 것으로 만들어 보세요!
이 책은 기본서에서 배운 문법을 문제를 풀면서 완벽히 흡수하도록 구성한 훈련서입니다.

기본서와 똑같은 순서로 구성했습니다!

이 책은 기본서에서 공부한 내용을 효과적으로 다지기 위해, 기본서와 똑같은 순서로 구성했습니다. 반복 연습을 하다 보면 문법이 더 쉽게 이해되고, 앞서 배운 문법을 완전히 자신의 것으로 만들 수 있습니다. 기본서에서 공부한 과를 훈련서로 반복 연습하고, 부족한 부분을 바로 확인해 보세요!

교과서 예문으로 3단계 문법 훈련 후, 내신 대비 문제로 마무리합니다!

이 책은 영문법 소화제에서 배운 개념을 최신 14종 교과서 예문으로 훈련하도록 구성했습니다.
예문은 중학 교과서 필수 단어와 문장을 사용해, 이 문장들을 익혀 두면 학교 공부에도 바로 도움이 됩니다. 각 과의 마지막 페이지는 중학교 시험에 자주 나오는 문제를 수록해, 내신 적응력을 높여 줍니다.

주제별 진단평가 후, 맞춤형 처방전 제공으로 효과적으로 복습합니다!

이 책은 주제별로 4회의 진단평가를 제공합니다. '8품사와 문장의 5형식, 문장의 종류와 동사의 종류, be동사와 일반동사, 일반동사와 be동사의 문장 전환' 4가지 주제의 진단평가를 통해 중요 포인트를 다시 한 번 확인합니다. 또한, 진단 결과에 따른 맞춤형 처방전을 제공, 내 실력에 맞게 효과적으로 복습할 수 있습니다.

이 책으로 문법 개념을 교과서 예문으로 완벽하게 흡수하세요!

최신 14종 교과서 예문으로 문법을 정리하는 **영문법 소화제 훈련서**

❶ 문법 개념 잡기! - 이것만은 꼭!

기본서에서 배운 내용 중 꼭 알아야 할 핵심 문법을 담았습니다. 다른 건 몰라도 이것만은 꼭! 기억해 두세요.

❸ 교과서 예문으로 문법 다지기! - 문법 훈련 02, 03

소화시킨 문법 용어를 최신 14종 교과서 예문과 필수 표현으로 훈련합니다.

---

03 문장의 5형식(1, 2, 3형식) · 정답 및 해설 4쪽

ㅇ 이것만은 꼭!

영어 나라에는 문장이라는 수많은 회사가 존재하는데, 모든 회사는 딱 5가지로 나눌 수 있어. 그 5가지 회사를 영어 문장의 기본 형태인 '문장의 5형식'이라고 불러. 우선, 기본이 되는 1, 2, 3형식의 문장 구조는 다음과 같아.

문장의 형식	문장의 구조	동사의 종류
1형식	주어(S) + 술어(V)	완전 자동사
2형식	주어(S) + 술어(V) + 보어(C)	불완전 자동사
3형식	주어(S) + 술어(V) + 목적어(O)	타동사

📖 **01** 밑줄 친 부분의 문장 구성 요소를 약어로 표시하고 괄호 안에 문장의 형식을 쓰세요.

보기 주어(S), 술어(V), 보어(C), 목적어(O)

1. You look sad today. (　　)
2. It sounds great! (　　)
3. They usually walk to school. (　　)
4. We have two dogs. (　　)
5. My sister and I go to the park. (　　)
6. Mike likes kimchi very much. (　　)
7. She cries all day. (　　)
8. Jenny becomes a nurse. (　　)
9. Sam watches the movie again. (　　)
10. His shirt looks dirty. (　　)

소화제 투입 2형식의 보어는 주어를 보충하는 말!
You look sad today. (보기 = 술어)　　Jenny becomes a nurse. (제니 = 간호사)

📖 **02** 밑줄 친 동사의 종류와 문장의 형식을 쓰세요.

동사의 종류　　문장의 형식

1. She is friendly. → (　　) (　　)
2. Tom eats a sandwich. → (　　) (　　)
3. They live in the country. → (　　) (　　)
4. We talk about it. → (　　) (　　)
5. That girl has blue eyes. → (　　) (　　)
6. He becomes a guitarist. → (　　) (　　)

📖 **03** 우리말과 같은 뜻이 되도록 괄호 안의 말을 바르게 배열하고, 문장의 형식을 쓰세요.

1. 짐과 앤디는 도서관에 있다. (are, in the library, Jim and Andy)
　　(　　)
2. 내 선생님은 친절하고 예쁘다. (is, kind and pretty, My teacher)
　　(　　)
3. 브라운 여사는 세 명의 아이들이 있다. (Ms. Brown, three children, has)
　　(　　)
4. 나는 그 답을 안다. (the answer, I, know)
　　(　　)
5. 그들은 박물관에 간다. (go, to the museum, They)
　　(　　)

---

❷ 교과서 문장으로 개념 확인! - 문법 훈련 01

필수 문법 용어나 개념을 교과서 기본 문장으로 익히는 과정입니다. 이 문장들을 외워 두면 중학 영어 마스터에 큰 도움이 됩니다.

❹ 문제풀이 핵심 팁! - 소화제 투입

문제를 내 것으로 소화하도록 돕는 핵심 팁입니다. 문제를 풀면서 헷갈렸던 문법 개념을 내 것으로 완벽히 소화할 수 있습니다!

＊이 책의 삽화는 문단열 선생님이 직접 스케치와 콘티를 제공하여, 김학수 작가가 그렸습니다.

❺ 내신 대비 문제! - 시험에는 이렇게 나온다

학교 시험에 자주 나오는 문법 문제를 수록하여, 학교 시험 적응력을 높여 줍니다.

❻ 과학적인 복습 설계! - 주제별 진단평가

앞서 배운 문법을 잘 소화했는지, 주제별로 내 실력을 진단해 봅니다. 부족한 부분은 해설을 보고 꼭 확인하고 넘어가세요!

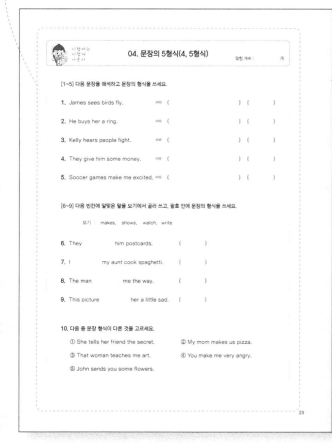

시험에는 이렇게 나온다
04. 문장의 5형식(4, 5형식)   맞힌 개수 :   개

[1~5] 다음 문장을 해석하고 문장의 형식을 쓰세요.

1. James sees birds fly.   ➡ (   ) (   )

2. He buys her a ring.   ➡ (   ) (   )

3. Kelly hears people fight.   ➡ (   ) (   )

4. They give him some money.   ➡ (   ) (   )

5. Soccer games make me excited. ➡ (   ) (   )

[6~9] 다음 빈칸에 알맞은 말을 보기에서 골라 쓰고, 괄호 안에 문장의 형식을 쓰세요.

보기 | makes, shows, watch, write

6. They   him postcards.   (   )

7. I   my aunt cook spaghetti.   (   )

8. The man   me the way.   (   )

9. This picture   her a little sad.   (   )

10. 다음 중 문장 형식이 다른 것을 고르세요.

① She tells her friend the secret.   ② My mom makes us pizza.

③ That woman teaches me art.   ④ You make me very angry.

⑤ John sends you some flowers.

23

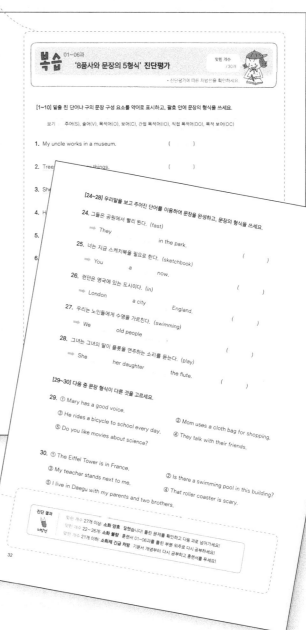

복습 01~06과
'8품사와 문장의 5형식' 진단평가   맞힌 개수 /30개

• 진단평가에 따른 처방전을 확인하세요.

[1~10] 밑줄 친 단어나 구의 문장 구성 요소를 약어로 표시하고, 괄호 안에 문장의 형식을 쓰세요.

보기 | 주어(S), 술어(V), 목적어(O), 보어(C), 간접 목적어(IO), 직접 목적어(DO), 목적 보어(OC)

1. My uncle works in a museum.   (   )

2. Tree   things.

3. Sh

4. H

5.

6

[24~28] 우리말을 보고 주어진 단어를 이용하여 문장을 완성하고, 문장의 형식을 쓰세요.

24. 그들은 공원에서 빨리 뛴다. (fast)
   ➡ They   in the park.

25. 너는 지금 스케치북을 필요로 한다. (sketchbook)
   ➡ You   a   now.   (   )

26. 런던은 영국에 있는 도시이다. (in)
   ➡ London   a city   England.   (   )

27. 우리는 노인들에게 수영을 가르친다. (swimming)
   ➡ We   old people

28. 그녀는 그녀의 딸이 플롯을 연주하는 소리를 듣는다. (play)
   ➡ She   her daughter   the flute.   (   )

[29~30] 다음 중 문장 형식이 다른 것을 고르세요.

29. ① Mary has a good voice.
   ③ He rides a bicycle to school every day.   ② Mom uses a cloth bag for shopping.
   ⑤ Do you like movies about science?   ④ They talk with their friends.

30. ① The Eiffel Tower is in France.
   ③ My teacher stands next to me.   ② Is there a swimming pool in this building?
   ⑤ I live in Daegu with my parents and two brothers.   ④ That roller coaster is scary.

진단 결과
맞힌 개수 27개 이상: 소화 양호 잘했습니다! 틀린 문제를 확인하고 다음 과로 넘어가세요!
맞힌 개수 22~26개: 소화 불량 훈련서 01~06과를 틀린 부분 위주로 다시 공부하세요!
맞힌 개수 21개 이하: 소화제 긴급 처방 기본서 개념부터 다시 공부하고 훈련서를 푸세요!

32

❼ 복습도 스마트하게! -진단 결과 처방전 제공

맞힌 개수에 따른 맞춤형 처방전을 제공하여, 내 실력에 맞게 효과적으로 복습할 수 있습니다.

CONTENTS

문단열의 중학 영문법 소화제 교과서 예문 훈련서 ❶

문단열의 중학 영문법 소화제 교과서 예문 훈련서 ❷ 구성

 기본서와 훈련서는 목차 구성이 같아요!

《문단열의 중학 영문법 소화제 시리즈》를 효과적으로 보는 방법

나는 어떤 학생인가요? **내 상황에 맞는 학습 코스를 선택**해 공부하세요! 《중학 영문법 소화제 시리즈》로 훈련하는 방법을 알려 드립니다.

'빡세게'
확실히
공부하고 싶다면?

나 혼자 공부 코스
기본서와 훈련서를 동시에! 해당 과를 동시에 풀며 공부하세요!

기본서 1권	기본서 2권
훈련서 1권	훈련서 2권

공부할 시간이
많지 않다면
하루에 한 과씩!

바쁜 친구 코스
하루에 한 과씩이라도 꾸준히 공부하세요! 그래도 한 학기 안에는 끝내세요!

기본서 1권 ▶ 훈련서 1권 ▶ 기본서 2권 ▶ 훈련서 2권

단기간에
영문법을
끝내고 싶다면?

빠른 친구 코스
기본서를 2달 안에 끝내고 훈련서로 복습하세요!

기본서 1권 ▶ 기본서 2권 ▶ 훈련서 1권 ▶ 훈련서 2권

기본
문법 용어는
이해했다면?

내신 강화 코스
교과서 예문으로 문법을 정리하세요!

훈련서 1권 ▶ 훈련서 2권

공부방이나 학원 선생님이라면?
기본서는 수업용으로, 훈련서는 숙제용 부교재로 활용하세요!

기본서로 수업한 후, 그 날 수업한 과에 맞추어 훈련서로 숙제를 내주세요.
학생의 부족한 부분을 쉽게 확인하고, 영문법의 기본기를 탄탄하게 잡아 줄 수 있습니다!

문단열의 중학 영문법 소화제

소화제

교과서 예문 **훈련서** ①

내신까지 뻥 뚫린다!

01 8품사 — 영어 나라의 8개 가문

• 정답 및 해설 2쪽

○ 이것만은 꼭!

명동에서 형부가 오면 감자전을 대접한다고 외우자!

영어 나라에는 8개 가문이 있어. **명동형부 감전대접**. 아무리 영어 문장이 길고 영어 단어가 많아도 이 8개 집안 출신이야.

품사	집안	의미	예
명사	작명가 집안	사람과 물건의 이름	John, park, water, family, love
동사	행동가 집안	몸과 마음의 움직임 표현	run, become, hate, give, hear
형용사	예술가 집안	양태(모양이나 상태) 표현	big, beautiful, tired, tough, soft
부사	신하 집안	동사, 형용사의 정도를 표현	very, much, really, clearly, slowly
감탄사	오버맨 집안	느낌을 표현하는 말	ah, oh, oops
전치사	액세서리 집안	문장에 명사를 붙여 주는 말	in, out, on, off, up, down
대명사	귀차니스트 집안	명사를 대신해 쓰는 말	I, you, he, she, it, we, they
접속사	접착제 집안	말과 말을 연결해 주는 말	and, but, or, therefore

 01 **다음 보기의 단어를 해당하는 품사로 분류해 쓰세요.**

> 보기 | start, history, funny, very, usually, sing, tired, and, you, but, name, new, ah,
> or, in, remember, they, stay, oh, at, I, quickly, tell, already, easy, story, on

1. 명사   history

2. 동사   start

3. 형용사   funny

4. 부사   very

5. 감탄사

6. 전치사

7. 대명사

8. 접속사

12

제시된 품사에 해당하는 단어에 동그라미하세요.

1. She looks pretty. (형용사)
　　주어가 She, He, It처럼 3인칭 단수일 때는 동사에 -(e)s가 붙어.

2. I play the piano on Friday. (전치사)

3. They want spaghetti. (대명사)

4. He has some money. (명사)

5. We go on a picnic. (동사)

6. John is poor but happy. (접속사)

7. My brother walks fast. (부사)

8. Oh, it's wonderful! (감탄사)

해석 1. 그녀는 예뻐 보인다. 2. 나는 금요일에 피아노를 친다. 3. 그들은 스파게티를 원한다. 4. 그는 돈이 좀 있다. 5. 우리는 소풍을 간다. 6. 존은 가난하지만 행복하다. 7. 우리 오빠는 빨리 걷는다. 8. 오, 그거 멋진데(wonderful)!
필수 표현 go on a picnic 소풍을 가다

---

 03 **밑줄 친 단어에 해당하는 품사를 쓰세요.**

1. Oops!　　I　　lost　the key.
　　　　　　　　　　lose(잃어버리다)의 과거형.
　(　　) 대명사 (　　)　명사

2. Tom　talks　slowly.
　명사　동사　(　　)

3. Jane　studies　in　the　library.
　　　　　　　　　　the, a는 관사라고 해. 형용사의 일종이지만 주로 관사라고 불러.
　명사　동사　(　)　(　)

4. We　give　her　presents.
　(　) (　) 대명사　명사

5. He　watches　TV.
　대명사 (　) (　)

6. It　is　sunny　and　hot.
　대명사 농사 (　) (　) (　)

7. Teachers　are　very　kind.
　　명사　(　) (　) 형용사

소화제 투입

영어의 8품사!
명사 → 작명가
동사 → 행동가
형용사 → 예술가
부사 → 신하
감탄사 → 오버맨
전치사 → 액세서리
대명사 → 귀차니스트
접속사 → 접착제

해석 1. 이런! 열쇠(key)를 잃어버렸네. 2. 톰은 천천히(slowly) 말한다. 3. 제인은 도서관(library)에서 공부한다. 4. 우리는 그녀에게 선물들을 준다. 5. 그는 TV를 본다. 6. 날씨가 맑고(sunny) 덥다. 7. 선생님들은 매우 친절하다.
필수 표현 watch TV TV를 보다

[1~5] 밑줄 친 부분의 품사를 쓰세요.

1. We <u>have</u> a pet. (   )

2. She feels <u>happy</u>. (   )

3. What kind of <u>food</u> do you like? (   )

4. <u>Oh</u>, I didn't know that. (   )

5. He is handsome <u>and</u> smart. (   )

[6~9] 다음 빈칸에 알맞은 말을 보기에서 골라 쓰고 그 단어의 품사를 쓰세요.

> 보기 | at,   day,   want,   They

6. What _____ is it today? (   )

7. I _____ these shoes. (   )

8. _____ play golf every week. (   )

9. Mary goes to bed _____ 10 o'clock. (   )

10. 다음 밑줄 친 부분의 품사가 나머지와 다른 것을 고르세요.

① Her hair is <u>pretty</u>. ② You and I are <u>good</u> friends.

③ Tim has a <u>nice</u> car. ④ My favorite season is <u>summer</u>.

⑤ Thank you so <u>much</u>.

02 문장 구성 5요소 ─ 주목 보수술

• 정답 및 해설 3쪽

○ 이것만은 꼭!

> 주먹을 보수하는 기술로 외우자!

문장이라는 회사에는 5가지 직위가 있어. 그것이 문장을 구성하는 5요소, 바로 '**주목 보수술**'이야.

품사	직위	의미	취직 가능한 품사
주어	사장	문장의 주인이 되는 말	명사, 대명사
술어	영업부장	주어의 동작이나 상태를 나타내는 말	동사
목적어	영업부장 여친	동사가 나타내는 동작을 받는 대상	명사, 대명사
보어	비서	보충해 주는 말 (주격 보어, 목적 보어)	명사, 대명사, 형용사 5형식에서는 동사도 가능
수식어	알바생	문장 구성 요소를 꾸며 주는 말	형용사, 부사

 01 밑줄 친 부분의 문장 구성 요소를 주어, 술어, 목적어, 보어, 수식어로 구분해 쓰세요.

1. She buys a book.

2. The boy becomes a doctor.

3. I love you so much.

4. Jane is a teenager.

5. They are strong.

6. We jog in the morning.
   └─ 전치사로 시작하면 대부분 수식어야.

7. I see a giraffe in the zoo.

8. Mark wants a cellphone.

9. His brother is 10 years old.

10. Her cat sleeps much.

 소화제 투입

> 비슷해 보이는데, 왜 어떤 건 보어이고 어떤 건 목적어일까?
> We are students.(우리는 학생들이다.): 보어는 '~이다'로 해석되고, 주어와 동격 관계가 성립돼. (We = students)
> We love students.(우리는 학생들을 사랑한다.): 목적어는 '~을(를)'로 해석되고, 주어와 목적어는 동격 관계가 성립되지 않아. (We ≠ students)

해석 1. 그녀는 책을 산다. 2. 그 소년은 의사가 된다. 3. 나는 너를 아주 많이 사랑한다. 4. 제인은 십대(teenager)다. 5. 그들은 강하다. 6. 우리는 아침에 조깅한다(jog). 7. 나는 동물원(zoo)에서 기린(giraffe)을 본다. 8. 마크는 휴대폰(cellphone)을 원한다. 9. 그의 남동생은 10살이다. 10. 그녀의 고양이는 많이 잔다.

02 밑줄 친 부분의 문장 구성 요소와 품사를 괄호 안에 쓰세요.

문장 구성 요소　　품사

1. The cat <u>has</u> pretty eyes. ⇒ (　　) (　　)

2. <u>John</u> helps his wife. ⇒ (　　) (　　)

3. We see <u>stars</u> at night. ⇒ (　　) (　　)

4. She dances <u>well</u>. ⇒ (　　) (　　)

5. Dave <u>sings</u> loudly. ⇒ (　　) (　　)

6. <u>She</u> watches TV every night. ⇒ (　　) (　　)

7. They <u>go</u> to the park. ⇒ (　　) (　　)

8. Nick and Jill are <u>students</u>. ⇒ (　　) (　　)

9. Jim sends her <u>emails</u>. ⇒ (　　) (　　)

10. <u>Leaves</u> on the trees are red. ⇒ (　　) (　　)

11. They live <u>in</u> an apartment. ⇒ (　　) (　　)

12. You study math very <u>hard</u>. ⇒ (　　) (　　)

13. <u>This</u> is my friend, Tom. ⇒ (　　) (　　)

14. He really wants <u>it</u>. ⇒ (　　) (　　)

15. We <u>make</u> pizza. ⇒ (　　) (　　)

16. I am <u>happy</u> to meet you. ⇒ (　　) (　　)

해석 1. 그 고양이는 예쁜 눈들을 가지고 있다. **2.** 존은 그의 아내를 돕는다. **3.** 우리는 밤에 별들을 본다. **4.** 그녀는 춤을 잘 춘다. **5.** 데이브는 크게 노래한다. **6.** 그녀는 매일 밤 TV를 본다. **7.** 그들은 공원에 간다. **8.** 닉과 질은 학생들이다. **9.** 짐은 그녀에게 이메일(email)들을 보낸다. **10.** 나무 위의 잎들은 빨간색이다. **11.** 그들은 아파트(apartment)에서 산다. **12.** 너는 수학을 아주 열심히 공부한다. **13.** 이 아이는 내 친구 톰이다. **14.** 그는 정말 그것을 원한다. **15.** 우리는 피자를 만든다. **16.** 나는 너를 만나서 행복하다.

[1~5] 밑줄 친 부분의 문장 구성 요소를 쓰세요.

1. She feels tired.   (   )

2. We have four seasons.   (   )

3. Mr. Kim teaches math.   (   )

4. Andy solves the problem.   (   )

5. I do my homework after dinner.   (   )

[6~9] 다음 빈칸에 알맞은 말을 보기에서 골라 쓰고 그 단어의 문장 구성 요소를 쓰세요.

| 보기 | delicious,   smile,   becomes,   Today |

6. He _____ a great musician.   (   )

7. _____ is the first day of school. (   )

8. You have a lovely _____ .   (   )

9. The cake looks _____ .   (   )

10. 다음 중 밑줄 친 부분의 문장 구성 요소가 다른 것을 고르세요.

① We go shopping on Saturday.   ② Ally takes care of cats.

③ He buys some fruit for his children.   ④ They take a walk together.

⑤ I meet him at the bookstore.

03 문장의 5형식(1, 2, 3형식)

• 정답 및 해설 4쪽

○ 이것만은 꼭!

영어 나라에는 문장이라는 수많은 회사가 존재하는데, 모든 회사는 딱 5가지로 나눌 수 있어. 그 5가지 회사를 영어 문장의 기본 형태인 '문장의 5형식'이라고 불러.

우선, 기본이 되는 1, 2, 3형식의 문장 구조는 다음과 같아.

문장의 형식	문장의 구조	동사의 종류
1형식	주어(S) + 술어(V)	완전 자동사
2형식	주어(S) + 술어(V) + 보어(C)	불완전 자동사
3형식	주어(S) + 술어(V) + 목적어(O)	타동사

---

 01 밑줄 친 부분의 문장 구성 요소를 약어로 표시하고 괄호 안에 문장의 형식을 쓰세요.

> 보기 ┃ 주어(S), 술어(V), 보어(C), 목적어(O)

1. You look sad today. (2형식)
   S V C

2. It sounds great! (   )

3. They usually walk to school. (   )
   └ 수식어는 문장 구성 요소가 아니야.
     수식어 없이도 문장이 완성돼.

4. We have two dogs. (   )

5. My sister and I go to the park. (   )

6. Mike likes kimchi very much. (   )

7. She cries all day. (   )

8. Jenny becomes a nurse. (   )

9. Sam watches the movie again. (   )

10. His shirt looks dirty. (   )

소화제 투입 🙂 │ **2형식의 보어는 주어를 보충하는 말!**
You look sad today. (네가 = 슬픔)   Jenny becomes a nurse. (제니 = 간호사)

해석 1. 너는 오늘 슬퍼 보인다. 2. 그거 좋은데! 3. 그들은 보통 걸어서 학교에 간다. 4. 우리는 개 두 마리를 가지고 있다. 5. 내 여동생과 나는 공원에 간다. 6. 마이크는 김치를 아주 많이 좋아한다. 7. 그녀는 하루 종일(all day) 운다. 8. 제니는 간호사(nurse)가 된다. 9. 샘은 그 영화를 다시 본다. 10. 그의 셔츠는 더러워 보인다.

필수 표현 walk to school 걸어서 학교에 가다

02 밑줄 친 동사의 종류와 문장의 형식을 쓰세요.

동사의 종류   문장의 형식

1. She <u>is</u> friendly. ➡ ( ) ( )

2. Tom <u>eats</u> a sandwich. ➡ ( ) ( )

3. They <u>live</u> in the country. ➡ ( ) ( )

4. We <u>talk</u> about our future. ➡ ( ) ( )

5. That girl <u>has</u> blue eyes. ➡ ( ) ( )

6. He <u>becomes</u> a guitarist. ➡ ( ) ( )

해석 1. 그녀는 다정하다. 2. 톰은 샌드위치를 먹는다. 3. 그들은 시골에서 산다. 4. 우리는 우리의 미래에 대해 이야기한다. 5. 저 소녀는 파란 눈을 가지고 있다. 6. 그는 기타리스트(guitarist)가 된다.

 03 우리말과 같은 뜻이 되도록 괄호 안의 말을 바르게 배열하고, 문장의 형식을 쓰세요.

1. 짐과 앤디는 도서관에 있다. (are, in the library, Jim and Andy)

_____ ( )

2. 나의 선생님은 친절하고 예쁘다. (is, kind and pretty, My teacher)

_____ ( )

3. 브라운 씨는 세 명의 아이들이 있다. (Ms. Brown, three children, has)

_____ ( )

4. 나는 그 답을 안다. (the answer, I, know)

_____ ( )

5. 그들은 박물관에 간다. (go, to the museum, They)

_____ ( )

 소화제 투입
- be동사는 두 가지 형식으로 쓰이는데, 해석에 따라 구분하면 돼. '~이 있다': 1형식, '~이다': 2형식
- 전치사로 시작하면 대부분 수식어야.

[1~5] 다음 문장을 해석하고 문장의 형식을 쓰세요.

1. My sister wants a toy.   ➡ (내 여동생은 장난감을 원한다.   ) (3형식   )

2. He becomes a scientist.   ➡ (   ) (   )

3. The baby looks lovely.   ➡ (   ) (   )

4. You have a good time.   ➡ (   ) (   )

5. His cat sleeps on the sofa. ➡ (   ) (   )

[6~9] 다음 빈칸에 알맞은 말을 보기에서 골라 쓰고, 괄호 안에 문장의 형식을 쓰세요.

| 보기 | meets, are, go, cleans |

6. Mary _____ her room.   (   )

7. They _____ my grandparents.   (   )

8. He _____ his friend in the park.   (   )

9. Dave and I _____ to the hospital.   (   )

10. 다음 중 문장 형식이 다른 것을 고르세요.

① He knows my name.   ② My family has dinner at 7.

③ Tony wants cold water.   ④ We eat hamburgers.

⑤ She goes to the mall.

04 문장의 5형식(4, 5형식)

• 정답 및 해설 5쪽

✦ 이것만은 꼭!

4, 5형식은 모두 3형식에서 뻗어 나온 형식이야. 4형식에는 두 개의 목적어, 바로 간접 목적어(~에게)와 직접 목적어(~을)가 나오고, 5형식에는 목적어를 보충 설명해 주는 목적 보어가 나와.

문장의 형식	문장의 구조	동사의 종류
4형식	주어(S) + 술어(V) + 간접 목적어(IO) + 직접 목적어(DO)	수여동사
5형식	주어(S) + 술어(V) + 목적어(O) + 목적 보어(OC)	불완전 타동사

 01 밑줄 친 부분의 문장 구성 요소를 약어로 표시하고, 괄호 안에 문장의 형식을 쓰세요.

> 보기 │ 주어(S), 술어(V), 목적어(O), 간접 목적어(IO), 직접 목적어(DO), 목적 보어(OC)

1. He brings her an umbrella. (   )

2. It makes me happy. (   )

3. Mr. Burnt teaches us English. (   )

4. I hear a baby cry. (   )

5. My mom tells me a story. (   )

6. She sees him play games. (   )

7. Kate sends me a present. (   )

8. They feel windows shake. (   )

9. He gives her a necklace. (   )

10. We make the dog its house. (   )

 소화제 투입
• 4형식은 IO(간접 목적어)에게 DO(직접 목적어)를 주는 것. / 5형식은 OC가 O를 보충해 주는 것. 목적어 = 목적 보어
• 목적 보어로 올 수 있는 품사는 명사, 형용사 그리고 동사야.

해석 1. 그는 그녀에게 우산(umbrella)을 가져다 준다. 2. 그것은 나를 행복하게 만든다. 3. 번트 씨는 우리에게 영어를 가르친다. 4. 나는 아기가 우는 것을 듣는다. 5. 우리 엄마는 나에게 이야기를 말해 준다. 6. 그녀는 그가 게임하는 것을 본다. 7. 케이트는 나에게 선물을 보낸다. 8. 그들은 창문들이 흔들리는 것을 느낀다. 9. 그는 그녀에게 목걸이(necklace)를 준다. 10. 우리는 그 개에게 집을 만들어 준다.
필수 표현 shake 흔들다, 흔들리다

02 밑줄 친 동사의 종류와 문장의 형식을 쓰세요.

	동사의 종류	문장의 형식

1. Mom <u>makes</u> us cookies. ➡ (수여동사) (4형식)

2. They <u>see</u> children swim. ➡ ( ) ( )

3. John <u>shows</u> her his car. ➡ ( ) ( )

4. They <u>call</u> me 'Su'. ➡ ( ) ( )

5. We <u>hear</u> them shout. ➡ ( ) ( )

6. She <u>makes</u> him a best player. ➡ ( ) ( )

해석 1. 엄마는 우리에게 쿠키를 만들어 준다. 2. 그들은 아이들이 수영하는 것을 본다. 3. 존은 그녀에게 그의 차를 보여 준다. 4. 그들은 나를 '수'라고 부른다. 5. 우리는 그들이 소리치는(shout 소리치다) 것을 듣는다. 6. 그녀는 그를 최고의 선수로 만든다.
필수 표현 a best player 최고의 선수

 03 우리말과 같은 뜻이 되도록 괄호 안의 말을 바르게 배열하고, 문장의 형식을 쓰세요.

1. 그녀는 그에게 편지를 보낸다. (sends, a letter, She, him)

_____ ( )

2. 마크는 나에게 돈을 좀 빌려준다. (lends, me, Mark, some money)

_____ ( )

3. 그 노래는 나를 슬프게 만든다. (sad, makes, me, The song)

_____ ( )

4. 그는 나에게 좋은 스웨터를 준다. (gives, He, a nice sweater, me)

_____ ( )

5. 그 영화는 그녀를 영화배우로 만든다. (a movie star, makes, her, The movie)

_____ ( )

6. 그들은 그가 축구하는 것을 본다. (see, They, play soccer, him)

_____ ( )

맞힌 개수 :   개

[1~5] 다음 문장을 해석하고 문장의 형식을 쓰세요.

1. James sees birds fly. ➡ (   ) (   )

2. He buys her a ring. ➡ (   ) (   )

3. Kelly hears people fight. ➡ (   ) (   )

4. They give him some money. ➡ (   ) (   )

5. Soccer games make me excited. ➡ (   ) (   )

[6~9] 다음 빈칸에 알맞은 말을 보기에서 골라 쓰고, 괄호 안에 문장의 형식을 쓰세요.

보기 | makes, shows, watch, write

6. They _____ him postcards. (   )

7. I _____ my aunt cook spaghetti. (   )

8. The man _____ me the way. (   )

9. This picture _____ her a little sad. (   )

10. 다음 중 문장 형식이 다른 것을 고르세요.

① She tells her friend a secret.   ② My mom makes us pizza.

③ That woman teaches me art.   ④ You make me very angry.

⑤ John sends you some flowers.

05 구와 절 1 — 혼자 놀기, 몰려 다니기, 회사 만들기

• 정답 및 해설 7쪽

○ 이것만은 꼭!

단어가 모여 있는 형식은 세 가지야. 각각의 낱말이 혼자 놀고 있으면 '단어', 두 개 이상의 단어들이 함께 몰려 다니면 '구', 단어가 몰려 다니더라도 '주어 + 술어(동사)'의 문장 구성 형식을 갖추면 문장 또는 절이라고 불러.

1형식: 주어 + 동사	품사	문장 구성 요소
Two birds fly.	명사구	주어구
Two birds **fly away**.	동사구	술어구
Two birds fly away **very fast**.	부사구	수식어구
2형식: 주어 + 동사 + 보어	품사	문장 구성 요소
Mom and dad are tired.	명사구	주어구
Mom and dad are **very tired**.	형용사구	보어구
Mom and dad are very tired **right now**.	부사구	수식어구

문법훈련 01 다음 문장의 밑줄 친 부분이 각각 단어, 구, 절 중에 무엇인지 쓰세요.

1. Mary is <u>very excited</u>.　　　(　　　)

2. My guitar <u>sounds beautiful</u>.　　　(　　　)

3. We go <u>on a picnic</u> after school.　　　(　　　)

4. <u>Health</u> is important.　　　(　　　)

5. Sam is rich, <u>but Jerry is poor</u>.　　　(　　　)

> **소화제 투입**
> 낱말 하나만 달랑 있으면 단어, 단어가 두 개 이상 모여 주어, 술어, 보어 등의 역할을 하면 구, '주어+술어'의 구조를 갖추고 있으면 절.

해석 1. 메리는 매우 신이 나 있다. 2. 나의 기타는 아름다운 소리가 난다. 3. 우리는 방과 후에(after school) 소풍을 간다. 4. 건강(health)은 중요하다.
5. 샘은 부자이지만 제리는 가난하다.
필수 표현 excited 신이 난, 흥분한 rich 부자인 poor 가난한

> 보기 | 성질(품사): 명사구, 동사구, 형용사구, 부사구
> 역할(문장 구성 요소): 주어구(S), 보어구(C), 술어구(V), 수식어구

구의 성질   문장 속 역할

1. The box looks too heavy. ➡ (   ) (   )

2. Some people work very hard. ➡ (   ) (   )

3. The backpack is under the chair. ➡ (   ) (   )

4. Math is so difficult for me. ➡ (   ) (   )

5. Ducks swim in the pond. ➡ (   ) (   )

소화제 투입 💊

> 부사구는 under the chair, in the pond, at 9 o'clock처럼 장소나 시간을 나타내는 경우가 많아.

해석 1. 그 상자는 너무 무거워 보인다. 2. 몇몇 사람들은 매우 열심히 일한다. 3. 그 배낭(backpack)은 의자 아래에 있다. 4. 수학은 나에게 너무 어렵다(difficult 어려운). 5. 오리들이 연못에서(in the pond) 수영한다.

 03 밑줄 친 구의 성질과 역할을 쓰고 문장의 형식을 쓰세요.

구의 성질   구의 역할   문장의 형식

1. Your plan looks good. ➡ (   ) (   ) (   )

2. Basketball is my favorite sport. ➡ (   ) (   ) (   )

3. I'm in the tennis club. ➡ (   ) (   ) (   )

'~씨': 여자일 때 Ms.
4. Ms. Brown is a kind teacher. ➡ (   ) (   ) (   )

5. Our first class is science. ➡ (   ) (   ) (   )

6. You are my best friend. ➡ (   ) (   ) (   )

7. Jane sleeps at 9 o'clock. ➡ (   ) (   ) (   )

해석 1. 너의 계획은 좋아 보인다. 2. 농구는 내가 가장 좋아하는 스포츠다. 3. 나는 테니스 동아리(club)에 있다. 4. 브라운 씨는 친절한 선생님이다. 5. 우리의 첫 수업은 과학(science)이다. 6. 너는 나의 가장 친한 친구다. 7. 제인은 9시에 잔다.
필수 표현 best friend 가장 친한 친구

[1~5] 다음 문장을 해석하고 밑줄 친 구의 역할을 쓰세요.

1. I'm <u>very nervous</u>. ➡ (   ) (   )

2. Tony lives <u>in New York</u>. ➡ (   ) (   )

3. The chair is <u>too small</u>. ➡ (   ) (   )

4. Is <u>your school</u> big? ➡ (   ) (   )

5. <u>His father</u> looks strong. ➡ (   ) (   )

[6~9] 우리말과 같은 뜻이 되도록 괄호 안의 말을 바르게 배열하고, 괄호 안에 문장의 형식을 쓰세요.

6. 우리 영어 교실은 위층에 있다. (is, Our English room, upstairs)

_____ (   )

7. 너의 눈은 갈색이다. (are, Your eyes, brown)

_____ (   )

8. 나는 놀이공원에 간다. (I, to the amusement park, go)

_____ (   )

9. 사진 속에 있는 그 남자는 나의 삼촌이다. (The man, my uncle, is, in the picture)

_____ (   )

10. 다음 중 밑줄 친 부분의 성격이 다른 것을 고르세요.

① <u>My brothers</u> sit on the sofa. ② <u>The girl</u> walks along the river.

③ What's <u>your favorite subject</u>? ④ The flowers <u>in the garden</u> are roses.

⑤ <u>Susan and Mike</u> are shy.

06 구와 절 2 — 구에도 가문과 직위가 있다!

• 정답 및 해설 8쪽

○ 이것만은 꼭!

두 개 이상의 단어들이 함께 몰려 다니면 '구', '주어 + 술어(동사)'의 문장 구성 형식을 갖추면 문장 또는 '절'이라고 부른다는 거 잊지 마.

3형식: 주어 + 동사 + 목적어	가문 품사	직위 문장 구성 요소
<u>You and I</u> keep up with it.	명사구	주어구
You and I **keep up** with the schedule.	동사구	술어구
4형식: 주어 + 동사 + 간접 목적어 + 직접 목적어	**품사**	**문장 구성 요소**
John and I send **mom and dad** a letter.	명사구	간접 목적어구
John and I send up mom and dad **a letter**.	명사구	직접 목적어구
5형식: 주어 + 동사 + 목적어 + 목적 보어	**품사**	**문장 구성 요소**
We hear him **sing and talk**.	동사구	목적 보어구
We **listen to** him sing and talk.	동사구	술어구

구 역시 단어와
마찬가지로
문장 안에서
출신 가문(품사)과
직위(문장 구성 요소)를
가지고 있어.

---

 01 밑줄 친 부분에 해당하는 구에 동그라미하세요.

1. You lend me <u>your bicycle</u>. (주어구, 술어구, 간접 목적어구, 직접 목적어구)

2. He gives <u>me and my sister</u> books. (주어구, 술어구, 간접 목적어구, 직접 목적어구)

3. Let's start <u>our first class</u>. (주어구, 술어구, 목적어구, 목적 보어구)

4. <u>My brother</u> plays baseball. (주어구, 술어구, 목적어구, 목적 보어구)

5. We <u>listen to</u> pop songs. (주어구, 술어구, 목적어구, 목적 보어구)

소화제 투입 ┌ 4형식에 나오는 간접 목적어구는 '~에게', 직접 목적어구는 '~을(를)'로 해석돼.

해석 1. 너는 나에게 너의 자전거를 빌려준다. 2. 그는 나와 내 여동생에게 책들을 준다. 3. 우리의 첫 수업(class)을 시작하자. 4. 나의 오빠는 야구를 한다. 5. 우리는 팝송을 듣는다(listen to).

보기 | 주어구, 술어구, 목적어구, 간접 목적어구, 직접 목적어구, 목적 보어구, 수식어구

구의 역할　　文장의 형식

1. John looks for his cat. ➡ (　　　) (　　　)

2. They watch an action movie. ➡ (　　　) (　　　)

3. Sumi writes me funny stories. ➡ (　　　) (　　　)

4. He plays games after dinner. ➡ (　　　) (　　　)

5. She sends her son some money. ➡ (　　　) (　　　)

6. Mary and I study English. ➡ (　　　) (　　　)

7. They wait for the subway. ➡ (　　　) (　　　)

8. She makes me a pumpkin pie. ➡ (　　　) (　　　)

9. His father makes him a writer. ➡ (　　　) (　　　)

10. I see her sing and dance. ➡ (　　　) (　　　)

11. Her house has a blue gate. ➡ (　　　) (　　　)

12. My teacher hears students fight. ➡ (　　　) (　　　)

13. She takes good care of her baby. ➡ (　　　) (　　　)

14. My dad sends me a new computer. ➡ (　　　) (　　　)

15. Jenny brings me my coat. ➡ (　　　) (　　　)

해석 1. 존은 그의 고양이를 찾는다(look for 찾다). 2. 그들은 액션 영화(action movie)를 본다. 3. 수미는 나에게 웃긴 이야기들을 써 준다. 4. 그는 저녁을 먹고 나서 게임을 한다. 5. 그녀는 그녀의 아들에게 돈을 좀 보낸다. 6. 메리와 나는 영어를 공부한다. 7. 그들은 지하철을 기다린다(wait for 기다리다). 8. 그녀는 나에게 호박 파이를 만들어 준다. 9. 그의 아버지는 그를 작가(writer)로 만든다. 10. 나는 그녀가 노래하고 춤추는 것을 본다. 11. 그녀의 집은 파란색 문을 가지고 있다. 12. 나의 선생님은 학생들이 싸우는 것을 듣는다. 13. 그녀는 그녀의 아기를 잘 돌본다. 14. 나의 아빠는 나에게 새로운 컴퓨터를 보낸다. 15. 제니는 나에게 내 코트를 가져다 준다.

필수 표현 take good care of ~을 잘 돌보다

[1~5] 다음 문장을 해석한 다음, 보기에서 밑줄 친 구의 역할을 찾아 쓰세요.

| 보기 | 주어구, 술어구, 목적어구, 간접 목적어구, 직접 목적어구, 목적 보어구, 수식어구 |

1. Kate buys him a nice toy.　　➡　(　　　　　　　) (　　　　)

2. The news makes her sad.　　➡　(　　　　　　　) (　　　　)

3. How do you spend your money?　➡　(　　　　　　　) (　　　　)

4. She gives me and my sister skirts.➡　(　　　　　　　) (　　　　)

5. He meets Mary after lunch.　　➡　(　　　　　　　) (　　　　)

[6~9] 우리말과 같은 뜻이 되도록 괄호 안의 말을 바르게 배열하세요.

6. 톰은 나를 매우 행복하게 만든다. (Tom, very happy, me, makes)

_____

7. 그 소녀는 그에게 팬레터를 쓴다. (him, writes, The girl, a fan letter)

_____

8. 우리는 그 소년들이 농구하는 것을 본다. (play basketball, see, the boys, We)

_____

9. 그녀는 나에게 그녀의 새로운 애완동물을 보여 준다. (me, shows, She, her new pet)

_____

10. 다음 중 밑줄 친 부분의 성격이 다른 것을 고르세요.

　① Can you read the book for me?　　② He saves some money.

　③ I brush my teeth.　　④ When do you do your homework?

　⑤ She buys a birthday cake for her friend.

• 진단평가에 따른 처방전을 확인하세요.

• 정답 및 해설 9쪽

[1~10] 밑줄 친 단어나 구의 문장 구성 요소를 약어로 표시하고, 괄호 안에 문장의 형식을 쓰세요.

> 보기 | 주어(S), 술어(V), 목적어(O), 보어(C), 간접 목적어(IO), 직접 목적어(DO), 목적 보어(OC)

1. My uncle works in a museum.　　　　(　1형식　)

2. Trees give us many things.　　　　(　　　)

3. She sees her son read a book.　　　　(　　　)

4. His favorite subject is English.　　　　(　　　)

5. He sends his teacher a letter.　　　　(　　　)

6. Homework is helpful to me.　　　　(　　　)

7. Jill tells his friends jokes.　　　　(　　　)

8. There are many books about sea animals.　　(　　　)

9. Sam meets his friends, John and Mina.　　(　　　)

10. My aunt is a P.E. teacher at a middle school.　(　　　)

해석 1. 우리 삼촌은 박물관에서 일한다. 2. 나무들은 우리에게 많은 것들을 준다. 3. 그녀는 그녀의 아들이 책을 읽는 것을 본다. 4. 그가 가장 좋아하는 과목(subject)은 영어이다. 5. 그는 그의 선생님에게 편지를 보낸다. 6. 숙제는 나에게 도움이 된다. 7. 질은 그의 친구들에게 농담(jokes)을 한다. 8. 해양 동물(sea animal)들과 관련된 많은 책들이 있다. 9. 샘은 그의 친구들, 존과 미나를 만난다. 10. 우리 이모는 중학교 체육 선생님이다.

필수 표현 helpful 도움이 되는, 유용한 P.E. teacher 체육 선생님(P.E.: Physical Education)

[11~16] 밑줄 친 부분의 품사와 문장의 형식을 쓰세요.

품사   문장의 형식

11. That sounds <u>fun</u>. ➡ (   ) (   )

12. My throat <u>really</u> hurts now. ➡ (   ) (   )

13. <u>Oh</u>, this tent is too small! ➡ (   ) (   )

14. I go to the beach with my <u>family</u>. ➡ (   ) (   )

15. There are special animals <u>in</u> Africa. ➡ (   ) (   )

16. Her <u>favorite</u> place in the school is the library. ➡ (   ) (   )

▌ **해석** 11. 그것은 재미있게 들린다. 12. 지금 내 목(throat 목구멍)이 정말 아프다. 13. 오, 이 텐트는 너무 작다! 14. 나는 우리 가족과 함께 해변에 간다.
▌ 15. 아프리카(Africa)에는 특별한(special) 동물들이 있다. 16. 그 학교 안에서 그녀가 가장 좋아하는 곳(place)은 도서관이다.

[17~23] 다음 빈칸에 알맞은 말을 보기에서 찾아 쓰고, 괄호 안에 문장의 형식을 쓰세요.

> 보기 │ are, have, makes, see, is, read, wakes

17. Jim and Mark _____ in the computer club. (   )   짐과 마크는 컴퓨터 동아리에 있다.

18. My brother _____ up at 8 o'clock. (   )   내 남동생은 8시에 깬다.

19. We _____ Dave jump rope. (   )   우리는 데이브가 줄넘기하는 것을 본다.

20. Do you _____ an English dictionary? (   )   너는 영어 사전을 가지고 있니?

21. That woman _____ a great scientist. (   )   저 여자는 훌륭한 과학자이다.

22. My pet dog _____ my family happy. (   )   내 애완견은 나의 가족을 행복하게 만든다.

23. They _____ books to children in hospitals. (   )   그들은 병원에 있는 아이들에게 책을 읽어 준다.

[24~28] 우리말을 보고 주어진 단어를 이용하여 문장을 완성하고, 문장의 형식을 쓰세요.

24. 그들은 공원에서 빨리 뛴다. (fast)

   ➡ They _____ _____ in the park.   (   )

25. 너는 지금 스케치북을 필요로 한다. (sketchbook)

   ➡ You _____ a _____ now.   (   )

26. 런던은 영국에 있는 도시이다. (in)

   ➡ London _____ a city _____ England.   (   )

27. 우리는 노인들에게 수영을 가르친다. (swimming)

   ➡ We _____ old people _____ .   (   )

28. 그녀는 그녀의 딸이 플루트를 연주하는 소리를 듣는다. (play)

   ➡ She _____ her daughter _____ the flute.   (   )

[29~30] 다음 중 문장 형식이 다른 것을 고르세요.

29. ① Mary has a good voice.   ② Mom uses a cloth bag for shopping.

    ③ He rides a bicycle to school every day.   ④ They talk with their friends.

    ⑤ Do you like movies about science?

30. ① The Eiffel Tower is in France.   ② Is there a swimming pool in this building?

    ③ My teacher stands next to me.   ④ That roller coaster is scary.

    ⑤ I live in Daegu with my parents and two brothers.

진단 결과 | 맞힌 개수 27개 이상: **소화 양호** | 잘했습니다! 틀린 문제를 확인하고 다음 과로 넘어가세요!

처방전 | 맞힌 개수 22~26개: **소화 불량** | 훈련서 01~06과를 틀린 부분 위주로 다시 공부하세요!

          | 맞힌 개수 21개 이하: **소화제 긴급 처방** | 기본서 개념부터 다시 공부하고 훈련서를 푸세요!

07 긍정 · 부정 · 긍정 의문 · 부정 의문

• 정답 및 해설 10쪽

○ 이것만은 꼭!

'문장 전환'은 긍정 평서문(~이다 / ~을 한다)을 부정 평서문(~이 아니다 / ~을 안 한다), 긍정 의문문(~이냐? / ~하냐?), 부정 의문문(~가 아니냐? / ~을 안 하냐?)으로 자연스럽게 바꾸는 것을 말해. 이러한 4가지 문장 전환을 4CC(Conversational Conversion)라고 해.

긍정 평서문	부정 평서문	긍정 의문문	부정 의문문
You are nice.	You aren't nice.	Are you nice?	Aren't you nice?
He is nice.	He isn't nice.	Is he nice?	Isn't he nice?
You work.	You don't work.	Do you work?	Don't you work?
She works.	She doesn't work.	Does she work?	Doesn't she work?

 01 괄호 안에서 알맞은 것을 고르세요.

1. She (are, is) from Canada.

2. They (aren't, isn't) very young.

3. (Do, Does) you walk to school?

4. (Do, Does) he know the answer?

5. (Aren't, Isn't) she lovely?

6. (Are, Is) Mr. Smith your English teacher?

7. (Don't, Doesn't) Jack like hamburgers?

8. (Are, Is) you worried about a test?

9. That man under the tree (are, is) a pilot.

10. The window (aren't, isn't) open.

11. (Isn't, Aren't) it so hot today?

12. I (am not, is not) happy with the food.

해석 1. 그녀는 캐나다 출신이다. 2. 그들은 매우 어리지 않다. 3. 너는 걸어서 학교에 가니? 4. 그는 그 답을 알고 있니? 5. 그녀는 사랑스럽지 않니?
6. 스미스 씨가 너의 영어 선생님이니? 7. 잭은 햄버거를 좋아하지 않니? 8. 너는 시험이 걱정되니? 9. 나무 아래에 있는 저 남자는 조종사(pilot)다.
10. 그 창문은 열리지 않는다. 11. 오늘은 너무 덥지 않니? 12. 나는 그 음식이 마음에 들지 않는다.

필수 표현 be from ~출신이다 walk to school 걸어서 학교에 가다 be worried about ~에 대해 걱정하다 be happy with ~이 마음에 들다

1. This book is boring. (부정 의문문으로)

_____

2. Sam and Jill are from America. (긍정 의문문으로)

_____

3. Your teachers are kind to you. (긍정 의문문으로)

_____

4. Your cat is under the desk. (부정 의문문으로)

_____

5. They are basketball players. (부정 평서문으로)

_____

6. Is the man your cousin? (긍정 평서문으로)

_____

7. She eats vegetables a lot. (부정 의문문으로)

_____

8. He plays chess every day. (긍정 의문문으로)

_____

9. Andy goes to bed late. (긍정 의문문으로)

_____

10. Mark drinks milk every morning. (부정 평서문으로)

_____

> 소화제 투입
>
> 부정문에서는 주로 축약형을 써.
> • be동사의 부정문 축약형
>   is not =isn't / are = aren't
> • 일반동사의 부정문 축약형
>   do not = don't
>   does not = doesn't
> • be동사 부정 의문문의 축약형
>   Am not I = Aren't I
>   Are not you = Aren't you
>   Is not he= Isn't he
>   Are not they = Aren't they

해석 1. 이 책은 지루하다(boring 지루한). 2. 샘과 질은 미국(America) 출신이다. 3. 너의 선생님들은 너에게 친절하다. 4. 너의 고양이는 책상 아래에 있다. 5. 그들은 농구 선수들이다. 6. 그 남자가 너의 사촌(cousin)이니? 7. 그녀는 야채(vegetable)들을 많이 먹는다. 8. 그는 매일 체스(chess)를 한다. 9. 앤디는 늦게 자러 간다. 10. 마크는 매일 아침 우유를 마신다.
필수 표현 basketball player 농구 선수 go to bed late 늦게 자러 가다

맞힌 개수 :   개

[1~5] 다음 대화의 대답을 보고 긍정 의문문을 완성하세요. (부정문은 축약형으로 쓰세요.)

1. _____ like chocolate?   — No, I don't.

2. _____ rainy?   — Yes, it is.

3. _____ have a pet?   — No, she doesn't.

4. _____ a student?   — Yes, I am.

5. _____ play the drums?   — Yes, they do.

[6~9] 우리말과 같은 뜻이 되도록 괄호 안의 말을 바르게 배열하세요.

6. 나의 아버지는 기술자다. (is, My father, an engineer)

_____

7. 너는 지금 바쁘니? (you, Are, now, busy)

_____

8. 그녀는 아침을 먹지 않는다. (doesn't, She, have, breakfast)

_____

9. 너는 그의 이름을 아니? (his name, know, you, Do)

_____

10. 다음 중 어법상 틀린 것을 고르세요.

① He doesn't study English.   ② Doesn't Mary like ice-cream?

③ Are they middle school students?   ④ Do you go swimming today?

⑤ The problems isn't easy.

08 (완전) 자동사 — 1형식 동사

• 정답 및 해설 11쪽

○ 이것만은 꼭!

동사는 크게 자동사와 타동사로 나뉘고, 자동사와 타동사는 다시 완전과 불완전으로 나뉘어. 혼자서도 일 잘하는 영업부장인 (완전) 자동사는 1형식에만 나오는 동사야. 1형식의 술어인 (완전) 자동사가 나오면 나머지 구나 절은 모두 수식어들이지.

1형식: S + V(완전 자동사)

He sleeps soundly in his bed at night every day.
  S   V   수식어구

He runs in the park in the morning with his sister every day.
  S   V   수식어구

1형식
술어는…
혼자 다 알아서 일하는
완전 유능한 부장
(완전) 자동사

---

 01 우리말을 보고 빈칸에 알맞은 동사를 쓰세요.

1. We _____ to the movies.   우리는 영화를 보러 간다.

2. Do you _____ in Seoul?   너는 서울에 사니?

3. My sisters _____ at 10 o'clock.   나의 언니들은 10시에 잔다.

4. Two cats _____ on the tall tree.   고양이 두 마리가 그 큰 나무 위에 앉아 있다.

5. Do they _____ at the bus stop?   그들은 버스 정류장에서 서 있니?

6. Does Mary _____ in the park in the evening?   메리는 저녁에 공원에서 걷니?

7. The boy doesn't _____ that fast.   그 소년은 그렇게 빨리 뛰지 않는다.

8. Kate and Jill _____ in the playground.   케이트와 질은 놀이터에 있다.

9. There _____ some students in the classroom.   교실에는 몇몇의 학생들이 있다.

소화제 투입

3인칭 단수 현재일 때 동사에 s를 붙이는 공식
① have → has
② be동사 → is
③ 일반동사 → 동사원형+(e)s

다음 1형식 문장에서 완전 자동사에 동그라미하고 해석하세요.

1. My friend comes from Italy. ➡ (   )

2. The leaves fall in autumn. ➡ (   )

3. A church stands on the hill. ➡ (   )

4. Tim stays at the hotel all day long. ➡ (   )

5. There are many kinds of pets in the world. ➡ (   )

6. They talk about the weather. ➡ (   )

소화제 투입

1형식은 문장이 아무리 길어도 수식어를 빼면 '주어+술어' 뿐이야. 그리고 전치사가 붙은 형용사구와 부사구는 모두 수식어!
필수 표현 all day long 하루 종일 pet 애완동물 weather 날씨

03 다음 빈칸에 알맞은 동사를 보기에서 골라 쓰세요.

보기 | appear, laughs, lives, is, go, stay

1. We _____ for a bike ride.

2. Jenny _____ a lot.

3. Stars _____ in the night sky.

4. Lucy _____ in London now.

5. The gym _____ in front of the science lab.

6. We don't _____ with our homeroom teacher all day.

해석 1. 우리는 자전거를 타러 나간다. 2. 제니는 많이 웃는다. 3. 별들은 밤하늘에 나타난다(appear). 4. 루시는 지금 런던에 산다. 5. 체육관(gym)은 과학실(science lab) 앞에(in front of) 있다. 6. 우리는 하루 종일(all day) 우리 담임 선생님(homeroom teacher)과 함께 머물지 않는다.
필수 표현 go for a bike ride 자전거를 타러 가다

[1~5] 괄호 안에서 알맞은 동사를 고르세요.

1. Tom will (come, swim) back home early.

2. Her father usually (jumps, works) until late.

3. Does the sun (rise, go) at 6 a.m.?

4. A terrible accident (happened, died) today.

5. My uncle (arrived, lived) at the airport.

[6~9] 우리말과 같은 뜻이 되도록 괄호 안의 말을 바르게 배열하세요.

6. 나의 고양이는 항상 내 침대 위에서 잔다. (always sleeps, My cat, on my bed)

─────────────────────────────────

7. 방 안에는 어떤 시계도 없다. (in the room, There, isn't, any clock)

─────────────────────────────────

8. 우리는 일요일마다 교회에 간다. (go, every Sunday, We, to church)

─────────────────────────────────

9. 나의 고모는 파리에 산다. (lives, My aunt, in Paris)

─────────────────────────────────

10. 다음 중 동사의 성격이 다른 것을 고르세요.

① This pen costs 1,500 won.　　② The girls walk in the rain.

③ He jogs with his friend in the evening.

④ There are famous paintings at the museum.

⑤ That boy in the playground is my nephew.

09 불완전 자동사 — 2형식 동사

• 정답 및 해설 12쪽

○ 이것만은 꼭!

불완전 자동사는 2형식에만 나오는 동사야. 보어 없이는 불완전한 동사이기 때문에 보어가 꼭 있어야 해. 이 불완전 자동사들은 크게 세 가지 의미로 묶을 수 있어.

2형식: S + V(불완전 자동사) + C

be동사: 상태		'되다' 동사류: 상태의 변화		'느껴지다' 동사류: 상태의 느낌	
am		become		sound	~하게 들리다
are	~이다	get		smell	~한 냄새가 나다
is		grow	~되다, ~해지다	taste	~한 맛이 나다
		go		feel	~하게 느껴지다
				look	~하게 보이다
		turn		seem	~인 것 같다
				appear	~인 것 같다

말만 능력남
불완전 자동사
보어 (비서)
지시

문법훈련 01 우리말을 보고 빈칸에 알맞은 불완전 자동사와 형용사 보어를 보기에서 찾아 쓰세요.

> 보기 | smell sweet, looks sad, seem happy, sounds good,
> look nervous, tastes salty

1. You _____look nervous_____ .   너는 불안해 보인다.

2. The oranges _____ .   오렌지는 달콤한 냄새가 난다.

3. This soup _____ .   이 수프는 짠맛이 난다.

4. My father _____ .   나의 아버지는 슬퍼 보인다.

5. The students _____ .   그 학생들은 행복한 것 같다.

6. Your voice _____ .   너의 목소리는 좋게 들린다.

1. They get bored. ⟹ (그들은 지루해진다)

2. It sounds exciting. ⟹ ( )

3. Ann became a good lawyer. ⟹ ( )

4. The leaves turn red and yellow in autumn. ⟹ ( )

5. They are elementary school students. ⟹ ( )

6. My guitar is important to me. ⟹ ( )

7. His hobby is computer games. ⟹ ( )

▮ **필수 표현** bored 지루한 exciting 재미있는, 흥미진진한 lawyer 변호사 elementary school student 초등학생

 03 다음 2형식 문장의 괄호 안에 알맞은 것을 고르세요.

1. I am not feeling (good, goodness).

2. This bread smells (sweet, sweetly).

3. The music sounds (strangely, strange) to me.

4. His room looks (messy, mess) today.

5. The pizza tastes (delicious, deliciously).

6. He looks (happy, happily) these days.

소화제 투입

감각을 나타내는 동사인 sound, smell, taste, feel, look 뒤에는 형용사만 주격 보어로 쓰이고, 부사나 명사는 주격 보어가 될 수 없어.

▮ **해석** 1. 나는 기분이 좋지 않다. 2. 이 빵은 달콤한 냄새가 난다. 3. 그 음악은 나에게 이상하게(strange 이상한) 들린다. 4. 그의 방은 오늘 지저분해 (messy 지저분한) 보인다. 5. 그 피자는 맛있는 맛이 난다. 6. 그는 요즘(these days) 행복해 보인다.
▮ **필수 표현** feel good 기분이 좋다

[1~5] 다음 빈칸에 알맞은 동사를 보기에서 골라 쓰세요.

보기 | become   is   smell   growing   looks

1. English _____ not so difficult.

2. The flowers _____ good.

3. The comedian _____ funny.

4. People are _____ older.

5. They _____ famous singers.

[6~9] 우리말과 같은 뜻이 되도록 괄호 안의 말을 바르게 배열하세요.

6. 나의 선생님은 화가 난다. (angry, My teacher, gets)

_____

7. 너의 아이디어는 멋지게 들린다. (great, Your idea, sounds)

_____

8. 저 남자는 용감한 소방관이다. (a brave firefighter, That man, is)

_____

9. 그 달걀들은 나쁜 냄새가 난다. (bad, smell, The eggs)

_____

10. 다음 중 어법상 틀린 것을 고르세요.

　　① Andy feels very cold.　　　② She will become a great artist.

　　③ You look differently today.　　④ His face turns pale.

　　⑤ I get hungry at night.

10 (완전) 타동사 − 3형식 동사

• 정답 및 해설 13쪽

○ 이것만은 꼭!

(완전) 타동사는 3형식에 쓰이는 동사로 문장 안에서 반드시 그 대상(목적어)을 가지는 동사를 말해. 『주어 + (완전) 타동사 + 목적어』의 3형식은 실생활에서 가장 많이 사용하는 문형이야. 타동사 중에는 같은 동사라도 문장에 따라 다르게 쓰일 수 있는데, 그때는 문장의 형식도 달라져.

> **3형식: S + V(타동사) + O**
>
> **대표적인 타동사**: want, have, like, meet, know, play, watch, eat, make, love, learn, help, take, bring, buy, promise, read, sing, teach, tell, write, pass, pay 등
> **자동사와 타동사 모두 가능한 박쥐 동사**: begin, change, close, cost, grow, improve, leave, sell, sing, open, turn, wait, live 등

 01 보기에서 타동사를 골라 알맞은 형태로 쓰세요.

> 보기 | read, meet, learn, see, teach, eat, make, know

1. He ____meets____ his old friend on the street.　　　　그는 거리에서 그의 오래된 친구를 만난다.
   주어가 3인칭 단수일 때는 동사의 변화에 주의하자!

2. She _____ books about Sweden.　　　　그녀는 스웨덴에 대한 책을 읽는다.

3. Ms. Park _____ music at a high school.　　　　박 선생님은 고등학교에서 음악을 가르친다.

4. They _____ a rainbow in the sky.　　　　그들은 하늘에 뜬 무지개를 본다.

5. Alex _____ a chocolate cake for me.　　　　알렉스는 나를 위해 초콜릿 케이크를 만든다.

6. I _____ new English words.　　　　나는 새로운 영어 단어를 배운다.

7. Nancy often _____ lots of fruit.　　　　낸시는 자주 과일을 많이 먹는다.

8. Do you _____ his email address?　　　　너는 그의 이메일 주소(address)를 알고 있니?

우리말을 보고 빈칸에 알맞은 타동사를 쓰세요.

1. Do you _____ a girlfriend?　　　　　　너는 여자친구가 있니?

2. Sam _____ a new house.　　　　　　샘은 새로운 집을 필요로 한다.

3. Amy _____ a cool cellphone.　　　　에이미는 멋진 휴대폰을 가지고 있다.

4. Does he _____ comic books?　　　　그는 만화책을 좋아하니?

5. The singers _____ pop songs on the stage.　　그 가수들은 무대에서 팝송을 부른다.

6. Ann _____ Korean history very easily.　　앤은 한국 역사를 매우 쉽게 가르친다.

03 밑줄 친 동사가 자동사인지 타동사인지 쓴 다음, 문장의 형식을 쓰세요.

1. School begins at 9 o'clock.　➡ (　　　) (　　　)

2. He meets Mary at the theater.　➡ (　　　) (　　　)

3. The puppy looks very cute.　➡ (　　　) (　　　)

소화제 투입

목적어(여친)가 없어도 문장이 완성되면 자동사. 목적어(여친)가 꼭 필요하면 타동사!

4. My friend, Ann lives in London.　➡ (　　　) (　　　)

5. Some children often tell lies.　➡ (　　　) (　　　)

6. She leaves her book on the shelf.　➡ (　　　) (　　　)

7. My grandmother grows vegetables.　➡ (　　　) (　　　)

8. The bank always closes at 4 p.m.　➡ (　　　) (　　　)

해석 1. 학교는 9시에 시작한다. 2. 그는 메리를 영화관에서 만난다. 3. 그 강아지는 매우 귀여워 보인다. 4. 내 친구 앤은 런던에 산다. 5. 몇몇 아이들은 자주 거짓말을 한다. 6. 그녀는 그녀의 책을 선반(shelf) 위에 둔다(leave). 7. 나의 할머니는 채소(vegetable)를 기른다(grow). 8. 그 은행은 항상 오후 4시에 닫는다.

[1~5] 다음 문장의 동사의 종류와 문장의 형식을 쓰세요.

동사의 종류   문장의 형식

1. Kevin takes his umbrella. ➡ (   ) (   )

2. His favorite food is fish. ➡ (   ) (   )

3. I use the Internet on my cellphone. ➡ (   ) (   )

4. They go to the ball park. ➡ (   ) (   )

5. My mom will learn yoga next year. ➡ (   ) (   )

[6~9] 우리말과 같은 뜻이 되도록 괄호 안의 말을 바르게 배열하세요.

6. 우리는 매일 점심으로 패스트푸드를 먹는다. (for lunch, We, every day, fast food, eat)

_____

7. 그녀는 그 가게에서 약간의 간식을 산다. (at the store, buys, She, some snacks)

_____

8. 제니는 중학교에서 과학을 가르친다. (teaches, Jenny, at a middle school, science)

_____

9. 내 여동생과 나는 새로운 침대가 필요하다. (need, My sister and I, a new bed)

_____

10. 다음 중 밑줄 친 동사의 성격이 다른 것을 고르세요.

① The Japanese food tastes good.   ② We have English three times a week.

③ The students show their opinions about it.

④ He finds glasses in the bedroom.

⑤ Mark doesn't bring his book every day.

11 수여동사 1 — 4형식 동사

• 정답 및 해설 14쪽

○ 이것만은 꼭!

4형식 동사를 수여동사라고 하는데, 이것도 타동사의 일종이야. 같은 동사라도 목적어가 몇 개인지에 따라 (완전) 타동사라고 부르기도 하고, 수여동사라고 부르기도 해. 두 개의 목적어가 꼭 필요한 수여동사는 '~에게 ~을(를) 해 주다'라고 해석되는데, 둘 중 '~에게(한테)'라고 해석되는 것이 '간접 목적어', '~을(를)'로 해석되는 것이 '직접 목적어'야.

4형식: S + V(수여동사) + IO + DO: '~에게 ~을 해 주다'

수여동사: give, lend, send, show, teach, tell, write, pay, bring, sell, buy, do, ask, find, get, make, cook

---

01 우리말을 보고 빈칸에 들어갈 수여동사를 알맞은 형태로 쓰세요.

1. I _____ them my notebook.   　나는 그들에게 나의 노트를 보여 준다.

2. You _____ me some pictures.   　너는 나에게 사진 몇 장을 보낸다.

3. She _____ him a nice sweater.   　그녀는 그에게 좋은 스웨터를 만들어 준다.

4. Jim _____ his friend a pen.   　짐은 그의 친구에게 펜을 빌려준다.

5. Tim _____ me some advice.   　팀은 나에게 조언(advice)을 해 준다(give).

6. Nancy _____ us some cookies.   　낸시는 우리에게 쿠키를 좀 만들어 준다.

7. He _____ Mary sunglasses.   　그는 메리에게 선글라스(sunglasses)를 사 준다.

8. My mom _____ us Chinese food.   　나의 엄마는 우리에게 중국 음식을 요리해 준다.

9. Mr. Brown _____ her some questions.   　브라운 씨는 그녀에게 몇 가지 질문을 한다.

10. Your sister _____ you English after dinner.   　너의 언니는 저녁을 먹고 나서 너에게 영어를 가르친다.

▮ **필수 표현** give advice 조언을 하다

02 밑줄 친 동사의 종류와 문장의 형식을 쓰세요.

동사의 종류   문장의 형식

1. I <u>send</u> my grandma a Christmas card. ➡ (수여동사) (4형식)

2. Mr. Burnt <u>asks</u> me a question. ➡ ( ) ( )

3. He <u>lends</u> me his nice jacket. ➡ ( ) ( )

4. I <u>buy</u> my friend a birthday cake. ➡ ( ) ( )

소화제 투입 💊

(완전) 타동사는 목적어가 하나로 '~을(를) ~하다'의 의미, 수여동사는 목적어가 두 개로 '~에게 ~을(를) ~ 해 주다'의 의미.

5. This picture <u>looks</u> beautiful. ➡ ( ) ( )

6. Kevin <u>writes</u> a famous novel. ➡ ( ) ( )

해석 1. 나는 나의 할머니에게 크리스마스 카드를 보낸다. **2.** 번트 씨는 나에게 질문 하나를 한다. **3.** 그는 나에게 그의 멋진 재킷을 빌려준다. **4.** 나는 나의 친구에게 생일 케이크를 사 준다. **5.** 이 사진은 아름다워 보인다. **6.** 케빈은 유명한(famous) 소설(novel)을 쓴다.

 03 빈칸에 알맞은 수여동사를 보기에서 골라 쓰세요.

보기 | asks, cooks, gives, sends, tell, teaches

1. Sam _____ her a new calendar.

2. My teacher _____ us fun homework.

3. Tony _____ his teacher a few questions.

4. My father _____ me math after work.

5. You _____ Mina and Jiho a funny story.

6. She _____ us breakfast every morning.

해석 1. 샘은 그녀에게 새로운 달력을 보내 준다. **2.** 나의 선생님은 우리에게 재미있는 숙제를 준다. **3.** 토니는 그의 선생님에게 몇 개의 질문들을 한다. **4.** 나의 아버지는 퇴근 후에 나에게 수학을 가르친다. **5.** 너는 미나와 지호에게 웃기는 이야기를 말한다. **6.** 그녀는 매일 아침 우리에게 아침 식사를 요리해 준다.

11. 수여동사 1 — 4형식 동사

[1~4] 어법상 틀린 부분을 찾아 4형식 문장으로 바르게 고치세요.

1. He gets the concert ticket me. ➡ _____

2. We give their ice-cream. ➡ _____

3. My father lends his car her. ➡ _____

4. May I ask a question you? ➡ _____

[5~9] 우리말과 같은 뜻이 되도록 괄호 안의 말을 바르게 배열하세요.

5. 나의 친구는 나에게 부탁을 한다. (asks, My friend, a favor, me)

_____

6. 그는 그녀에게 그 비밀번호를 말해 준다. (her, He, tells, the password)

_____

7. 너는 그에게 그의 시계를 찾아 준다. (find, You, his watch, him)

_____

8. 그녀는 그들에게 담요를 가져다준다. (them, brings, She, some blankets)

_____

9. 제니는 그에게 그녀의 일기를 보여 준다. (her diary, Jenny, him, shows)

_____

10. 다음 중 밑줄 친 동사의 성격이 다른 것을 고르세요.

   ① He buys his niece a hamburger.   ② Ms. Park gives him a warm smile.

   ③ Will you show me the way to the station? ④ Tom brings her some water.

   ⑤ I find my cellphone on the desk.

12 수여동사 2 — 4형식 동사

· 정답 및 해설 14쪽

○ 이것만은 꼭!

목적어가 두 개인 4형식 문장은 전치사를 넣어 두 목적어의 순서를 바꿀 수 있어. 수식어를 만드는 전치사의 종류는 to, for, of 3가지인데, 동사에 따라 그 전치사가 결정돼. 수여동사마다 쓰이는 전치사가 다르지만 for와 of를 쓰는 몇 개의 동사를 제외하고는 거의 모든 수여동사들이 to를 써.

I give [her] flowers.
S   V   IO   DO
(주어)(술어)(간접 목적어)(직접 목적어)

I give [flowers] to her.
S   V   O   부사구
(주어)(술어)(목적어)(수식어구)

4형식 문장을 3형식으로 바꾸기

① give, lend, send, show, teach, tell, write, pay, bring, sell + 직접 목적어 + to + 간접 목적어
② buy, do, find, get, make, cook + 직접 목적어 + for + 간접 목적어
③ ask + 직접 목적어 + of + 간접 목적어

문법훈련 01 다음 4형식 문장을 3형식으로 바꿔 쓰세요.

1. She brings him a hat.　　➡ She brings a hat to him.

2. Sumi writes her friend a postcard.　➡ _____

3. My father cooks us spaghetti.　➡ _____

4. He asks me a difficult question.　➡ _____

5. I make my cousin orange juice.　➡ _____

6. She shows Jim her family picture.　➡ _____

7. Dave buys her delicious dinner.　➡ _____

소화제 투입 4형식 | She gives me a flower. ➡ 3형식 | She gives a flower to me.
　　　　　　　　　S V IO DO　　　　　　　　　S V O 수식어구

해석 1. 그녀는 그에게 모자를 가져다 준다. 2. 수미는 그녀의 친구에게 엽서(postcard)를 쓴다. 3. 나의 아버지는 우리에게 스파게티를 요리해 준다. 4. 그는 나에게 어려운(difficult) 질문을 한다. 5. 나는 나의 사촌에게 오렌지 주스를 만들어 준다. 6. 그녀는 짐에게 그녀의 가족 사진을 보여 준다. 7. 데이브는 그녀에게 맛있는 저녁을 사 준다.

02 다음 3형식 문장을 4형식으로 바꿔 쓰세요.

1. She asks a favor of me. ➡ _____

2. She tells the secret to Alex. ➡ _____

3. Tim lends his laptop to his friend. ➡ _____

4. Nancy gives the doll to her sister. ➡ _____

5. They buy a piano for their daughter. ➡ _____

6. She makes some bread for her children. ➡ _____

해석 1. 그녀는 나에게 부탁을 한다. 2. 그녀는 알렉스에게 비밀을 말한다. 3. 팀은 그의 노트북(laptop)을 그의 친구에게 빌려준다. 4. 낸시는 그 인형을 그녀의 여동생에게 준다. 5. 그들은 그들의 딸(daughter)에게 피아노를 사 준다. 6. 그녀는 그녀의 아이들에게 빵을 만들어 준다.

 03 우리말을 보고 문장을 완성하세요.

1. Mark _____ some money. 　　마크는 그녀에게 돈을 좀 빌려준다.

2. I bring the subway map _____. 　　나는 그에게 지하철 노선도(map)를 가져다 준다.

3. Jim _____ an amazing story. 　　짐은 나에게 놀라운(amazing) 이야기를 한다.

4. Mary _____ some pictures. 　　메리는 우리에게 사진들을 보내 준다.

5. My mom buys a nice watch _____. 　　나의 엄마는 나에게 좋은 시계를 사 준다.

6. He _____ some chocolate. 　　그는 그들에게 초콜릿을 좀 준다.

7. They find his dog _____. 　　그들은 존에게 그의 개를 찾아 준다.

소화제 투입
buy, do, find, get, make, cook처럼 직접적인 배려의 느낌이 드는 수여동사는 간접 목적어 앞에 for를 붙여.
그리고 ask(inquire, beg)는 of를 붙여.

[1~5] 밑줄 친 부분을 바르게 고쳐 문장을 완성하세요.

1. He gives a lot of homework <u>of us</u>.   ➡ _____

2. Mark sometimes buys lunch <u>to her</u>.   ➡ _____

3. My grandma makes hanbok <u>to me</u>.   ➡ _____

4. She tells <u>his</u> good news.   ➡ _____

5. They cook chicken soup <u>to sick people</u>.   ➡ _____

[6~9] 우리말과 같은 뜻이 되도록 괄호 안의 말을 바르게 배열하세요.

6. 그는 그녀에게 자전거를 빌려준다. (lends, He, his bike, her)

_____

7. 팀은 그의 여자친구에게 장미를 보낸다. (his girlfriend, roses, Tim, sends, to)

_____

8. 그녀는 우리에게 치즈 샌드위치를 만들어 준다. (She, us, cheese sandwiches, makes)

_____

9. 브라운 씨는 나의 아들에게 음악을 가르친다. (to, teaches, my son, Mr. Brown, music)

_____

10. 다음 중 문장 형식이 <u>다른</u> 것을 고르세요.

  ① He often asks a favor of his friends.   ② My uncle buys new shoes for me.

  ③ That man teaches Chinese to us.   ④ She makes her child a pancake.

  ⑤ The homework gives stress to me.

13 불완전 타동사 — 5형식 동사

○ 이것만은 꼭!

불완전 타동사는 5형식에 나오는 동사로, 목적어와 그 목적어를 보충해
주는 보어(목적 보어)가 꼭 따라붙는 동사야. 5형식 문장을 만드는 불완
전 타동사는 크게 네 가지로 나뉘며, 동사의 종류에 따라
목적 보어가 될 수 있는 출신 집안(품사)이 달라져.

헉!

불완전 타동사 (5형식)
아기 발
I feel the baby move!

5형식: S + V(불완전 타동사) + O + OC

	불완전 타동사	목적 보어
지각동사	feel, hear, smell, see, watch	동사원형
사역동사	let, help, have, make	동사원형
기타동사 1	keep, find, call, make, turn, elect	명사, 형용사
기타 동사 2	want, tell, ask, get, allow, encourage	to + 동사원형

문법훈련 **01** 우리말을 보고 빈칸에 들어갈 동사를 알맞은 형태로 쓰세요.

1. I _____ the boys play basketball. 나는 그 소년들이 농구하는 것을 본다.

2. My father _____ me to read many books. 나의 아버지는 나에게 많은 책을 읽으라고 말한다.

3. They _____ you talk on the phone. 그들은 네가 통화하는 것을 듣는다.

4. She _____ her son to go to the movies. 그녀는 그녀의 아들이 영화를 보러 가도록 허락한다.

5. My grandma _____ my sister 'Puppy'. 나의 할머니는 나의 여동생을 '강아지'라고 부른다.

6. They _____ you to clean your room. 그들은 네가 너의 방을 청소하길 바란다.

7. The movie _____ me very sad. 그 영화는 나를 매우 슬프게 만든다.

8. Mary _____ him look at her. 메리는 그가 그녀를 쳐다보는 것을 느낀다.

소화제 투입 | 목적 보어라도 동사의 성질을 그대로 유지하고 있어서 play basketball이나 clean your room처럼 목적어를 취할 수도 있어.

02 밑줄 친 동사의 종류와 문장의 형식을 쓰세요.

동사의 종류　　문장의 형식

1. She <u>hears</u> Mark sing a song.　⇒　(　　　　　)　(　　　　)

2. They <u>watch</u> the soccer game.　⇒　(　　　　　)　(　　　　)

3. We <u>want</u> her to read good books.　⇒　(　　　　　)　(　　　　)

4. Can you <u>help</u> me carry this table?　⇒　(　　　　　)　(　　　　)

5. They will <u>get</u> thirsty soon.　⇒　(　　　　　)　(　　　　)

6. Is there a police station around here?　⇒　(　　　　　)　(　　　　)

> **해석** 1. 그녀는 마크가 노래를 부르는 것을 듣는다. 2. 그들은 그 축구 경기를 본다. 3. 우리는 그녀가 좋은 책을 읽기를 바란다. 4. 이 탁자를 옮기는 것을 도와줄래? 5. 그들은 곧 목이 마를 것이다. 6. 이 근처에 경찰서가 있니?
> **필수 표현** police station 경찰서

 03 괄호 안에서 목적 보어로 알맞은 것을 고르세요.

1. They get her (go, to go) shopping.

2. Let me (introduce, to introduce) myself.

3. He smells something (burn, to burn).

4. My mom makes me (take, to take) care of the cat.

5. Ms. Burnt has her son (lock, to lock) the door.

6. He allows Jim (play, to play) computer games.

 소화제 투입

> 5형식에서 목적 보어로는 명사, 형용사, 동사가 올 수 있어. 부사는 목적 보어로 쓰일 수 없지. 동사를 쓸 때는 보통 원형을 쓰지만, '요구'하는 의미를 가진 want, ask, get 등은 'to+동사원형'을 목적 보어로 써.

> **해석** 1. 그들은 그녀를 쇼핑하게 한다. 2. 나를 소개하도록(introduce 소개하다) 해 주세요. (제 소개를 하겠습니다.) 3. 그는 무엇인가 타는(burn 타다) 냄새를 맡는다. 4. 나의 엄마는 나에게 그 고양이를 돌보게 한다. 5. 번트 씨는 그녀의 아들이 문을 잠그게(lock 잠그다) 한다. 6. 그는 짐이 컴퓨터 게임을 하는 것을 허락한다.

13. 불완전 타동사 — 5형식 동사

맞힌 개수 : ____ 개

[1~5] 밑줄 친 부분을 바르게 고쳐 문장을 완성하세요.

1. She makes him <u>washed</u> the dishes. ➡ _____

2. He hears Tom <u>to go</u> out at night. ➡ _____

3. This movie makes me <u>angrily</u>. ➡ _____

4. Sally helps her mom <u>to clear</u> the table. ➡ _____

5. We see him <u>to play</u> with a ball. ➡ _____

[6~9] 우리말과 같은 뜻이 되도록 괄호 안의 말을 바르게 배열하세요.

6. 나의 형은 내가 숙제하는 것을 돕는다. (me, helps, My brother, do my homework)

_____

7. 그들은 밤하늘에서 별이 반짝이는 것을 본다. (in the night sky, see, twinkle, They, stars)

_____

8. 그녀는 어떤 사람이 그녀의 사진을 찍는 것을 느낀다. (feels, someone, take a picture of her, She)

_____

9. 수잔은 오늘 그들이 그 리포트를 끝내게 한다. (them, Susan, the report, has, finish, today)

_____

10. 다음 중 밑줄 친 동사의 성격이 다른 것을 고르세요.

① The test <u>makes</u> me nervous. ② He <u>makes</u> them a famous band.

③ She <u>makes</u> him a delicious dish. ④ James always <u>makes</u> her happy.

⑤ His book <u>makes</u> people sad.

14 5형식 기타 동사(심화)

• 정답 및 해설 18쪽

○ 이것만은 꼭!

5형식 문장을 만드는 불완전 타동사 중에 지각동사와 사역동사를 제외한
기타 동사에 대해 좀 더 살펴보자.

5형식: S + V(불완전 타동사) + O + OC		
	불완전 타동사	목적 보어
기타 동사 1	keep, find, call, make, turn, elect	명사, 형용사
기타 동사 2	want, tell, ask, get, allow, encourage	to + 동사원형

 01 밑줄 친 동사의 종류를 보기에서 골라 쓰고, 문장의 형식을 쓰세요.

보기 | 완전 자동사, 불완전 자동사, 완전 타동사, 수여동사, 불완전 타동사

		동사의 종류	문장의 형식
1. Nancy <u>lives</u> next to my house.	➡	(완전 자동사)	(1형식)
2. This skirt <u>looks</u> nice.	➡	( )	( )
3. My birthday <u>is</u> March, 3rd.	➡	( )	( )
4. We <u>find</u> the book easy.	➡	( )	( )
5. Sally <u>makes</u> us this salad.	➡	( )	( )
6. The coat <u>keeps</u> him warm.	➡	( )	( )
7. My parents <u>allow</u> me to watch TV late.	➡	( )	( )
8. They <u>want</u> their children to be healthy.	➡	( )	( )
9. Max <u>asks</u> her to come to the party today.	➡	( )	( )

해석 1. 낸시는 나의 집 옆에(next to) 산다. **2.** 이 스커트는 멋져 보인다. **3.** 나의 생일은 3월 3일이다. **4.** 우리는 그 책이 쉽다는 것을 알게 된다. **5.** 샐리는 우리에게 이 샐러드를 만들어 준다. **6.** 그 코트는 그를 따뜻하게 한다. **7.** 나의 부모님은 내가 밤 늦게 TV를 보게 허락한다(allow). **8.** 그들은 그들의 아이들이 건강하기를 바란다. **9.** 맥스는 오늘 그녀에게 파티에 와 달라고 부탁한다(ask).

1. We _____ him _____ this year.

우리는 올해 그를 시장(mayor)으로 뽑았다.

2. We _____ water _____ .

우리는 물을 깨끗이 유지한다.

3. She _____ him _____ a doctor.

⌐ see a doctor 병원에 가다

그녀는 그가 병원에 가기를 바란다.

4. The old woman _____ the man _____ her bag.

그 노파는 그 남자에게 그녀의 가방을 들어 달라고 부탁한다.

5. Some people _____ her a _____ .

어떤 사람들은 그녀를 바보(fool)라고 부른다.

6. They _____ students _____ hard.

그들은 학생들이 열심히 공부하도록 격려한다.

1. The news makes John (sad, sadly)

2. They will keep it (safe, safely)

3. He gets me (do, to do) some exercises every day.

4. She encourages him (help, to help) his friends.

5. Ms. Brown let her child (draw, to draw) a picture.

6. They want me (visit, to visit) my grandparents.

7. Mark didn't allow her (go, to go) to the concert.

8. She told me (leave, to leave) a message.

> 소화제 투입 💊
>
> **5형식 기타 동사의 목적 보어**
> 1. keep, find, call, make, turn, elect의 목적 보어로는 명사나 형용사가 와.
> 2. want, tell, ask, get, allow, encourage의 목적 보어로는 to부정사가 와.

해석 1. 그 뉴스는 존을 슬프게 한다. 2. 그들은 그것을 안전하게(safe 안전한) 유지한다. 3. 그는 내가 매일 운동을 하게 한다. 4. 그녀는 그가 그의 친구들을 돕도록 격려한다(encourage). 5. 브라운 씨는 그녀의 아이가 그림을 그리게 한다. 6. 그들은 내가 조부모님을 방문하기를 원한다. 7. 마크는 그녀가 그 콘서트에 가는 것을 허락하지 않았다. 8. 그녀는 나에게 메시지를 남기라고(leave 남기다) 말했다.
필수 표현 do exercise 운동을 하다 draw a picture 그림을 그리다 go to the concert 콘서트에 가다

[1~5] 밑줄 친 부분을 바르게 고쳐 문장을 완성하세요.

1. It keeps him busily. ➡

2. She wants us stay home. ➡

3. The painting makes him famously. ➡

4. My parents want me be strong. ➡

5. He asks her dance with him. ➡

[6~9] 우리말과 같은 뜻이 되도록 괄호 안의 말을 바르게 배열하세요.

6. 그녀는 그를 '빅 보이'라고 부른다. ('Big Boy', She, him, calls)

7. 그들은 내가 성실하기를 바란다. (want, me, to be diligent, They)

8. 이 재킷이 너를 따뜻하게 할 것이다. (will keep, warm, This jacket, you)

9. 그 영화는 그녀를 영화 배우로 만든다. (makes, a movie star, her, The movie)

10. 다음 중 문장 형식이 다른 것을 고르세요.

　① They called her a liar.　　② I find the door open.

　③ Rain makes some people sad.

　④ She wants me to solve math questions every day.

　⑤ His mom buys him a computer.

복습 07~14과
'문장의 종류와 동사의 종류' 진단평가

맞힌 개수
/30개

• 진단평가에 따른 처방전을 확인하세요.
• 정답 및 해설 19쪽

[1~10] 밑줄 친 부분의 문장 구성 요소를 약어로 표시하고, 동사의 종류와 문장의 형식을 쓰세요.

> 보기 | 주어(S), 술어(V), 목적어(O), 보어(C), 간접 목적어(IO), 직접 목적어(DO), 목적 보어(OC)

동사의 종류   문장의 형식

1. Jim has a new job. ⟹ ( ) ( )

2. Math is interesting. ⟹ ( ) ( )

3. My father makes me a robot. ⟹ ( ) ( )

4. The eggs on the table easily go bad. ⟹ ( ) ( )

5. They walk along the river after work. ⟹ ( ) ( )

6. Two students talk to each other loudly. ⟹ ( ) ( )

7. John saw the Pyramids in Egypt last year. ⟹ ( ) ( )

8. Tony shows her a new camera. ⟹ ( ) ( )

9. My sister and I are in a movie theater. ⟹ ( ) ( )

10. Nancy watches her mom answer the phone. ⟹ ( ) ( )

해석 1. 짐은 새로운 직업을 갖는다. 2. 수학은 재미있다. 3. 우리 아버지는 나에게 로봇을 만들어 준다. 4. 식탁에 있는 달걀들은 쉽게 상한다(go bad).
5. 그들은 퇴근 후에 강가(along the river)를 걷는다. 6. 두 명의 학생이 서로 큰 소리로 이야기한다. 7. 존은 작년에 이집트(Egypt)에 있는 피라미드
(Pyramid)를 봤다. 8. 토니는 그녀에게 새로운 카메라를 보여 준다. 9. 내 여동생과 나는 영화관에 있다. 10. 낸시는 그녀의 엄마가 전화를 받는 것을 지
켜본다.
필수 표현 answer the phone 전화를 받다

[11~15] 두 문장이 같은 뜻이 되도록 4형식은 3형식, 3형식은 4형식 문장으로 바꾸세요.

11. She cooks us Italian food.

➡️ She cooks Italian food for us.

12. Mary will lend the book to him soon.

➡️ _____

13. He makes breakfast for you every morning.

➡️ _____

14. They give old people free computer lessons.

➡️ _____

15. Mr. Han teaches children swimming every Sunday.

➡️ _____

해석 11. 그녀는 우리에게 이탈리아(Italian 이탈리아의) 음식을 요리해 준다. **12.** 메리는 곧 그에게 그 책을 빌려줄 것이다. **13.** 그는 매일 아침 너에게 아침 식사를 만들어 준다. **14.** 그들은 노인들에게 무료 컴퓨터 수업(lesson)을 해 준다. **15.** 한 선생님은 일요일마다 아이들에게 수영을 가르쳐 준다.
필수 표현 give lessons 가르치다, 수업하다

[16~23] 다음 빈칸에 알맞은 동사를 보기에서 골라 쓰고, 괄호 안에 동사의 종류를 쓰세요.

보기	reads, have, teaches, watch, are, help, gives, looks

16. The boy always _____looks_____ dirty. (불완전 자동사)

17. Did you _____ a nice weekend? (   )

18. She _____ her sister the drums. (   )

19. My brother _____ magazines about stars. (   )

20. I will _____ my mom recycle paper. (   )

21. We _____ a TV program about wild animals. (   )

22. His father _____ him some money every week. (   )

23. There _____ some interesting stories in the newspaper. (   )

해석 16. 그 소년은 항상 더러워(dirty 더러운) 보인다. **17.** 너는 멋진 주말을 보냈니? **18.** 그녀는 그녀의 여동생에게 드럼을 가르쳐 준다. **19.** 나의 형은 별에 대한 잡지(magazine)들을 읽는다. **20.** 나는 우리 엄마가 종이를 재활용하는 것을 도울 것이다. **21.** 우리는 야생 동물에 대한 TV 프로그램을 본다. **22.** 그의 아버지는 매주 그에게 돈을 준다. **23.** 그 신문에는 재미있는(interesting) 이야기들이 있다.
필수 표현 have a nice weekend 멋진 주말을 보내다 wild animal 야생 동물

[24~28] 우리말을 보고 주어진 단어를 이용해 문장을 완성하세요. (동사는 문맥에 맞게 쓰세요.)

24. 그 문제에 대해 이야기하자. (talk about)

➡ Let's _____ _____ the _____.

25. 그 초콜릿은 달콤한 맛이 난다. (taste, sweet)

➡ The chocolate _____ _____.

26. 그녀의 머리카락은 검은색이고 짧다. (black, short)

➡ Her hair _____ and _____.

27. 켈리는 너에게 피자를 만들어 준다. (make, pizza)

➡ Kelly _____ _____ some _____.

28. 나는 그녀가 고양이에게 먹이를 주는 것을 본다. (see, feed)

➡ I _____ _____ the _____.

[29~30] 다음 중 어법상 틀린 것을 고르세요.

29. ① He doesn't tell her the secret.　② Some players are tall and big.

③ We call the dog 'Puppy'.　④ Do you enjoy fantasy books?

⑤ My pet cat looks sleep.

30. ① James becomes a famous chef.　② Are Jim and Tom good at computers?

③ The dentist gives me a toothbrush.　④ He hears the dog to bark loudly.

⑤ My family goes out for dinner.

진단 결과

처방전

맞힌 개수 27개 이상: **소화 양호** | 잘했습니다! 틀린 문제를 확인하고 다음 과로 넘어가세요!

맞힌 개수 22~26개: **소화 불량** | 훈련서 07~14과를 틀린 부분 위주로 다시 공부하세요!

맞힌 개수 21개 이하: **소화제 긴급 처방** | 기본서 개념부터 다시 공부하고 훈련서를 푸세요!

15 be동사의 현재와 과거

○ 이것만은 꼭!

동사의 종류에는 크게 be동사와 일반동사가 있어. 우선, be동사는 '~이다' 또는 '~이(가) 있다'로 해석되며, 과거형은 was와 were로 '~였다'와 '~이(가) 있었다'라고 해석돼. be동사는 1, 2형식에 모두 쓰이는데, '~이다'로 해석되면 2형식이고 '~이(가) 있다'로 해석되면 1형식이야.

단수/복수	주어	현재형	축약형	과거형
단수	I	am	I'm	was
	You	are	You're	were
	He		He's	was
	She	is	She's	
	It		It's	
복수	We		We're	
	You	are	You're	were
	They		They're	

be동사의 과거형은 축약형이 없어.

문법훈련 01 우리말을 보고 빈칸에 알맞은 be동사를 쓰고, 괄호 안에 문장의 형식을 쓰세요.

1. He ___was___ a famous actor.　　그는 유명한 배우였다.　　(2형식)

2. It _____ 7 o'clock now.　　지금 7시다.　　( )

3. The boys _____ my cousins.　　그 소년들은 나의 사촌들이다.　　( )

4. She _____ very sick last week.　　지난주에 그녀는 매우 아팠다.　　( )

5. His father _____ a firefighter.　　그의 아버지는 소방관(firefighter)이다.　　( )

6. I _____ in New York 3 years ago.　　3년 전에 나는 뉴욕에 있었다.　　( )

7. Some students _____ in the gym.　　어떤 학생들은 체육관(gym)에 있다.　　( )

8. It _____ snowy on Monday.　　월요일에 눈이 왔다.　　( )

소화제 투입 날씨, 시간, 계절, 요일 등을 표현할 때는 주어로 It을 써서 표현해. 여기서 It은 비인칭 주어라고 불러. 비인칭 주어가 들어가는 문장은 2형식이야.

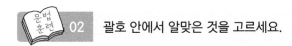 **02** 괄호 안에서 알맞은 것을 고르세요.

1. My brothers (is, are) very smart.

2. Tim (is are) in the classroom.

3. She (am, is) back at the office.

4. Susan and I (am, are) middle school students.

5. They (was, were) good students two years ago.

6. My sister (were, was) 12 years old last year.

 03 다음 문장을 지시대로 바꿔 쓰세요.

1. The park is very far. (과거형으로)

➡ _____

2. This cap was for you. (These caps를 주어로)

➡ _____

3. I am from Korea. (주어와 동사 축약형으로)

➡ _____

4. You are hungry after school. (과거형으로)

➡ _____

5. We are in the same class. (They를 주어로)

➡ _____

6. They are new students. (주어와 동사 축약형으로)

➡ _____

7. My favorite sport is baseball. (과거형으로)

➡ _____

8. It is cloudy and cold today. (과거형으로)

➡ _____

9. My teacher was angry yesterday. (You를 주어로)

➡ _____

10. It is already Monday. (주어와 동사 축약형으로)

➡ _____

15. be동사의 현재와 과거

맞힌 개수 :   개

[1~5] 밑줄 친 부분을 바르게 고쳐 문장을 완성하세요.

1. Sam and Tom <u>was</u> excited then. ➡ _____

2. What time <u>was</u> it now? ➡ _____

3. I'<u>am</u> glad to meet you. ➡ _____

4. The movie <u>were</u> so sad yesterday. ➡ _____

5. He'<u>is</u> in the soccer club. ➡ _____

[6~9] 우리말과 같은 뜻이 되도록 괄호 안의 말을 바르게 배열하세요.

6. 그들은 인도네시아 출신이다. (Indonesia, from, They're)

_____

7. 짐과 그의 형은 잘생겼다. (are, Jim and his brother, handsome)

_____

8. 그들은 지난 일요일에 쇼핑몰에 있었다. (were, in the shopping mall, last Sunday, They)

_____

9. 어제는 비가 내렸다. (yesterday, was, rainy, It)

_____

10. 빈칸에 들어갈 말이 바르게 짝지어진 것을 고르세요.

| They _____ in the library yesterday. |
| Nancy _____ a dentist before. |
| Strawberries _____ my favorite fruit. |

① were - were - were   ② was - was - are   ③ was - were - is

④ were - was - are   ⑤ were - was - is

62

16 be동사의 긍정·부정·의문

• 정답 및 해설 22쪽

○ 이것만은 꼭!

be동사의 부정문은 be동사 뒤에 not을 붙여서 쓰며, be동사와 not은 축약할 수 있어. 단, am not은 축약할 수 없어. 그리고 be동사의 의문문은 『be동사 + 주어~?』의 형태로 쓰며, Yes나 No로 대답할 수 있어.

Are you energetic?	— Yes, I am. / No, I'm not.
Is he energetic?	— Yes, he is. / No, he isn't.
Was I energetic?	— Yes, you were. / No, you weren't.
Was she energetic?	— Yes, she was. / No, she wasn't.

 01 다음 문장을 의문문과 부정문으로 바꾸세요. (부정문은 축약형으로 쓰세요.)

1. She is very busy today. ⇨ _____

⇨ _____

2. His uncle is tall and fat. ⇨ _____

⇨ _____

3. The English test was difficult. ⇨ _____

⇨ _____

4. They are elementary school students. ⇨ _____

⇨ _____

5. Jenny and I were at the museum. ⇨ _____

⇨ _____

해석 1. 그녀는 오늘 매우 바쁘다. 2. 그의 삼촌은 키가 크고 뚱뚱하다. 3. 그 영어 시험은 어려웠다. 4. 그들은 초등학생들이다. 5. 제니와 나는 박물관에 있었다.

우리말을 보고 빈칸에 알맞은 be동사를 쓰세요.

1. It _____ cold yesterday.　　　　　　　　　　어제는 추웠다.

2. _____ your mother in the kitchen?　　　　　너의 엄마는 부엌에 있니?

3. _____ Tom and Mary in the classroom?　　톰과 메리는 교실에 있었니?

4. _____ his stories funny?　　　　　　　　　그의 이야기들이 웃기니?

5. My pet cat _____ so cute.　　　　　　　　내 애완 고양이는 너무 귀엽다.

6. _____ you a police officer?　　　　　　　당신은 경찰인가요?

7. _____ Jim your best friend?　　　　　　　짐은 너의 절친이니?

 다음 대화를 보고 빈칸에 알맞은 말을 쓰세요. (부정문은 축약형으로 쓰세요.)

1. A: __Are__ you tired?

　　B: __Yes__ , __I__ __am__ . I want some rest.

2. A: _____ the movie interesting?

　　B: _____ , _____ . It was boring.

3. A: _____ the children in the library after school?

　　B: _____ , _____ . They were at home.

4. A: _____ your English teacher from America?

　　B: _____ , _____ . She is from England.

소화제 투입

Yes나 No로 대답할 때 주어는 꼭 he, she, it, they 같은 대명사로 바뀌야 해.

해석 1. 너는 피곤하니? 응, 피곤해. 나는 좀 쉬어야겠어. **2.** 그 영화가 재미있었니? 아니, 재미없었어. 그것은 지루했어. **3.** 그 아이들은 방과 후에 도서관에 있었니? 아니, 없었어. 그들은 집에 있었어. **4.** 너의 영어 선생님은 미국 출신이니? 아니, 미국 출신이 아니야. 그녀는 영국 출신이야.

필수 표현 after school 방과 후

16. be동사의 긍정·부정·의문

맞힌 개수 :   개

[1~5] 밑줄 친 부분을 바르게 고쳐 문장을 완성하세요.

1. I <u>amn't</u> happy with my teacher.　　➡ _____

2. <u>Was</u> they at the birthday party yesterday?　➡ _____

3. <u>Were</u> your mom healthy last year?　　➡ _____

4. <u>Is</u> you and your friend hungry now?　　➡ _____

5. Our plan <u>weren't</u> so good.　　➡ _____

[6~9] 우리말과 같은 뜻이 되도록 괄호 안의 말을 바르게 배열하세요.

6. 지금 싱가포르는 여름이다. (in Singapore, is, It, summer, now)

_____

7. 너의 고양이들은 침대 밑에 있니? (your cats, under the bed, Are)

_____

8. 그의 이름은 아담이니? (Adam, Is, his name)

_____

9. 그녀는 너의 역사 선생님 아니었니? (your history teacher, Wasn't, she)

_____

10. 다음 중 대답이 틀린 것을 고르세요.

　① Was your father good at English? — No, he wasn't.

　② Are they good teachers? — Yes, they are.

　③ Were you in the music club last year? — No, I wasn't.

　④ Are your friends nice? — Yes, I am.

　⑤ Is Mary worried about the test? — Yes, she is.

17 일반동사의 과거 규칙 동사

• 정답 및 해설 23쪽

○ 이것만은 꼭!

일반동사는 be동사를 제외한 모든 동사를 말해. 일반동사의 과거는 규칙 동사와 불규칙 동사로 나뉘어. 규칙 동사의 과거형을 만드는 방법은 다음과 같아.

And I succeeded!
그리고 난 성공했어요!

규칙동사의 과거형을 만드는 방법
1. 일반적으로 -ed를 붙인다. ⑩ open → opened
2. e로 끝나면 -d만 붙인다. ⑩ close → closed
3. 「자음 + y」로 끝나면 y를 빼고 -ied를 붙인다. ⑩ study → studied
4. 「모음 + y」로 끝나면 그대로 -ed를 붙인다. ⑩ play → played 〈 모음은 a, e, i, o, u
5. 「단모음 + 단자음」으로 끝나면 자음을 겹쳐 쓰고 -ed를 붙인다. ⑩ stop → stopped

 01 다음 보기의 동사들을 분류해 과거형으로 바꿔 쓰세요.

> 보기 | stop, live, try, look, apply, die, satisfy, drop, love, avoid, stay, grab, study, like, wrap, use, reply, dance, move, agree, share, envy, paint, talk, play, clap, wish, pull, enjoy

1. -ed를 붙이는 동사

➡ looked

2. -d를 붙이는 동사

➡ lived

3. y를 빼고 -ied를 붙이는 동사

➡ tried

4. y로 끝나는데 -ed를 붙이는 동사

➡ stayed

5. 자음을 겹쳐 쓰고 -ed를 붙이는 동사

➡ stopped

02 제시된 동사를 빈칸에 현재와 과거 시제로 쓰세요.

1. play
1) He usually _____ baseball every day.

2) He _____ the guitar well last year.

2. study
1) Sam _____ Korean these days.

2) Sam _____ Chinese two years ago.

3. drop
1) Kate often _____ something.

2) Kate _____ her glasses last week.

4. clean
1) We _____ our desks in the classroom now.

2) We _____ our room yesterday.

5. use
1) They don't _____ cellphone in class.

2) They _____ their computers for homework last night.

> **소화제 투입**
> usually, always, often, sometimes와 같이 빈도를 나타내는 부사를 '빈도 부사'라고 하는데, 이 빈도 부사는 일반동사 앞, be동사 뒤에 놓아야 해.

> **해석 1.** 그는 보통 매일 야구를 한다. 그는 작년에 기타를 잘 쳤다. **2.** 샘은 요즘 한국어를 공부한다. 샘은 2년 전에 중국어를 공부했다. **3.** 케이트는 자주 뭔가를 떨어뜨린다(drop). 케이트는 지난주에 그녀의 안경(glasses)을 떨어뜨렸다. **4.** 우리는 지금 교실에 있는 책상을 청소한다. 우리는 어제 우리 방을 청소했다. **5.** 그들은 수업 중에 휴대폰을 사용하지 않는다. 그들은 지난밤에 숙제를 하기 위해 그들의 컴퓨터를 사용했다.
> **필수 표현 play baseball** 야구를 하다 **play the guitar** 기타를 치다 **in class** 수업 중에(= during class)

 03 괄호 안에서 알맞은 것을 고르세요.

1. I (share, shared) my room with my sister before.

2. She (stays, stayed) home all day last Sunday.

3. My mother (moves, moved) my bed yesterday.

4. They (pick up, picked up) the trash on the street last weekend.

> **해석 1.** 나는 전에 내 여동생과 나의 방을 함께 썼다. **2.** 그녀는 지난 일요일에 하루 종일 집에 머물렀다. **3.** 우리 엄마는 어제 내 침대를 옮겼다. **4.** 그들은 지난 주말에 거리에 있는 쓰레기(trash)를 주웠다(pick up 줍다).

[1~5] 빈칸에 알맞은 말을 보기에서 찾아 과거형으로 쓰세요.

보기 | stop,   wait,   save,   listen,   envy

1. I _____ for the sale for a long time.

2. His car _____ at a red light.

3. We _____ to teachers during class.

4. They _____ his good job.

5. She _____ some money for a new laptop.

[6~9] 우리말과 같은 뜻이 되도록 괄호 안의 말을 바르게 배열하세요.

6. 이 셔츠는 그에게 잘 어울렸다. (him, This shirt, looked good on)

_____

7. 케빈은 그 수학 문제를 쉽게 풀었다. (easily, solved, Kevin, the math problem)

_____

8. 나는 저녁을 먹은 후에 TV를 켰다. (the TV, turned on, I, after dinner)

_____

9. 그녀는 한국 역사를 아주 열심히 공부했다. (very hard, Korean history, She, studied)

_____

10. 어법상 틀린 문장을 고르세요.

① It started to rain a lot.   ② John played baseball with Ken.

③ I visit Japan with James last year.

④ She searched the Internet before shopping.

⑤ They watched the soccer game yesterday.

18 불규칙 동사 — 자주 쓰는 말은 모두 불규칙!

• 정답 및 해설 24쪽

○ 이것만은 꼭!

불규칙 동사는 과거가 제멋대로 변하는 동사를 말해.
우리가 일상생활에서 가장 자주 쓰는 동사들이 여기에
포함돼. 대표적인 불규칙 동사의 과거형은 다음과 같아.

현재	과거	현재	과거	현재	과거	현재	과거
be	was / were	become	became	begin	began	break	broke
bring	brought	buy	bought	catch	caught	choose	chose
come	came	cut	cut	do	did	draw	drew
drive	drove	drink	drank	eat	ate	fall	fell
feel	felt	fight	fought	find	found	fly	flew
get	got	give	gave	go	went	grow	grew
have	had	hear	heard	hurt	hurt	keep	kept
leave	left	lose	lost	make	made	meet	met
put	put	teach	taught	tell	told	read	read
say	said	see	saw	win	won	write	wrote

문법훈련 01 괄호 안의 동사를 과거형으로 고치세요.

1. She _____ a diary in English. (write)

2. Mike _____ hiking last week. (go)

3. Kate _____ this paper bird. (make)

4. He _____ his bag on the bus. (leave)

5. Ann _____ us history. (teach)

6. I _____ her a chocolate cake. (buy)

7. You _____ an art class yesterday. (have)

8. James _____ a police officer. (become)

9. The doctor _____ him some medicine. (give)

10. She _____ back home. (come)

11. They _____ milk in the morning. (drink)

12. Tim _____ tired after work. (feel)

해석 1. 그녀는 영어로(in English) 일기를 썼다. 2. 마이크는 지난주에 하이킹(hiking)을 갔다. 3. 케이트는 이 종이학을 만들었다. 4. 그는 그의 가방을 버스에 두고 왔다. 5. 앤은 우리에게 역사를 가르쳤다. 6. 나는 그녀에게 초콜릿 케이크를 사 줬다. 7. 너는 어제 미술(art) 수업이 있었다. 8. 제임스는 경찰(police officer)이 되었다. 9. 그 의사는 그에게 약(medicine)을 좀 주었다. 10. 그녀는 집에 돌아왔다. 11. 그들은 아침에 우유를 마셨다. 12. 팀은 퇴근 후 피곤함을 느꼈다.
필수 표현 leave ~을 두고 오다(가다) after work 퇴근 후

빈칸에 알맞은 말을 보기에서 찾아 문맥에 맞게 과거형으로 쓰세요.

보기 | run, drink, go, hear, break, give, lose, meet

1. He _____ her a book on Korean culture.   그는 그녀에게 한국 문화에 대한 책을 줬다.

2. My dog _____ around the house.   나의 개는 집 주위를 뛰어다녔다.

3. We _____ on a field trip last Friday.   우리는 지난 금요일에 현장 학습을 갔다.

4. She _____ some orange juice in the morning.   그녀는 아침에 오렌지 주스를 마셨다.

5. I _____ good news from him yesterday.   나는 어제 그로부터 좋은 소식을 들었다.

6. Boys _____ the window last week.   지난주에 소년들이 그 창문을 깼다.

7. Kathy _____ John on her way to school.   캐시는 학교에 가는 길에 존을 만났다.

8. I _____ my cellphone the day before yesterday.   나는 그저께 나의 휴대폰을 잃어버렸다.

소화제 투입 💊 과거 시제는 주로 last night, last year, last Friday, yesterday, ago 등과 같이 특정한 과거 시점을 나타내는 어구와 함께 쓰여.
필수 표현 Korean culture 한국 문화 go on a field trip 현장 학습을 가다 on one's way to school 학교에 가는 길에 the day before yesterday 그저께

 03 밑줄 친 부분을 바르게 고쳐 쓰세요.

1. We have two dogs and one cat before.   ➡ _____

2. She takes a walk in the park two hours ago.   ➡ _____

3. I tell my friends about the children last night.   ➡ _____

4. Sam finds the money on the street last Monday.   ➡ _____

5. Susan makes a birthday cake for her mom yesterday.   ➡ _____

해석 1. 우리는 전에 개 두 마리와 고양이 한 마리를 가지고 있었다. 2. 그녀는 두 시간 전에 공원을 산책했다. 3. 나는 지난밤에 친구들에게 그 아이들에 대해 이야기했다. 4. 샘은 지난 월요일에 거리에서 그 돈을 발견했다. 5. 수잔은 어제 엄마를 위해 생일 케이크를 만들었다.
필수 표현 take a walk 산책하다

[1~4] 괄호 안에서 알맞은 말을 고르세요.

1. She (taken, took) good care of her cat.

2. The boy (run, ran) and (fallen, fell) down yesterday.

3. They (eat, ate) egg sandwiches and (drink, drank) milk last Monday.

4. Mark (goes, went) skiing with Jenny last weekend.

[5~8] 우리말과 같은 뜻이 되도록 괄호 안의 말을 바르게 배열하세요.

5. 할머니는 그녀의 아이들에게 동화책을 읽어 주었다. (a storybook, to her children, read, Grandma)

_____

6. 나의 가족은 동물원에서 많은 동물들을 봤다. (saw, many animals, at the zoo, My family)

_____

7. 나의 엄마는 지난밤 그 리본을 반으로 잘랐다. (in half, My mom, the ribbon, cut, last night)

_____

8. 그들은 놀이공원에서 그들의 아이를 잃어버렸다. (lost, They, at the amusement park, their kid)

_____

9. 다음 중 빈칸에 쓸 수 없는 것을 고르세요.

Kevin had a great time with his friends _____ .

① two days ago   ② last Saturday   ③ tomorrow
④ yesterday   ⑤ the day before yesterday

10. 다음 중 어법상 올바른 것을 고르세요.

① I usually got up at 7 o'clock every day.   ② His father catch many fish last night.

③ He feel sick yesterday.   ④ Kathy made her bed this morning.

⑤ We gave the dolls to the children now.

19 일반동사의 현재와 의문문

• 정답 및 해설 25쪽

○ 이것만은 꼭!

3인칭이란 '그, 그녀, 그것(들)'을 말하는데, 3인칭 중에서도 '3인칭 단수'는 한 명 또는 한 개를 뜻해. 이 3인칭 단수가 현재 시제의 문장에서 주어가 될 때는 동사 끝에 -(e)s를 붙여야 해. 그리고 일반동사의 의문문은 주어 앞에 Do나 Does를 붙여서, 『Do/Does + 주어 + 동사원형~?』의 형태로 써.

3인칭 단수 현재형에 -(e)s를 붙이는 방법

1. 대부분의 일반동사에 -s를 붙인다. 예) eat → eats

2. o, x, s, sh, ch로 끝나는 동사에 -es를 붙인다. 예) do → does

3. 「자음 + y」로 끝나는 동사에 y를 빼고 -ies를 붙인다. 예) study → studies

4. 「모음 + y」로 끝나는 동사에는 -s만 붙인다. 예) play → plays

 01 괄호 안에서 알맞은 것을 고르세요.

1. She (play, plays) badminton every morning.

2. (Do, Does) Ms. Brown teach yoga?

3. Mary (go, goes) swimming on Saturday.

4. (Do, Does) they play baduk after school?

5. (Do, Does) Sam (go, goes) to sleep late?

6. The baby (cry, cries) for a long time.

7. My father sometimes (catch, catches) big fish.

8. His uncle (fix, fixes) his computer.

9. He (send, sends) her to a boarding school.

10. (Do, Does) Kevin usually climb mountains?

11. Sally (do, does) lots of outside activities.

12. Does she (try, tries) to remember it?

13. (Do, Does) you enjoy K-pop?

14. Tom and John (wipe, wipes) the floor.

해석 1. 그녀는 매일 아침 배드민턴(badminton)을 친다. **2.** 브라운 씨는 요가를 가르치니? **3.** 메리는 토요일에 수영하러 간다. **4.** 그들은 방과 후에 바둑(baduk)을 두니? **5.** 샘은 늦게 잠자리에 드니? **6.** 그 아기는 오랫동안 운다. **7.** 우리 아빠는 가끔 큰 물고기를 잡는다. **8.** 그의 삼촌은 그의 컴퓨터를 고친다. **9.** 그는 그녀를 기숙사(boarding school)로 보낸다. **10.** 케빈은 보통 등산을 하니? **11.** 샐리는 많은 야외 활동들을 한다. **12.** 그녀는 그것을 기억하려고 애쓰니? **13.** 너는 케이팝(K-pop)을 즐기니? **14.** 톰과 존은 바닥을 닦는다.
필수 표현 climb mountains 등산을 하다 outside activities 야외 활동 wipe the floor 바닥을 닦다

02 다음 문장을 현재 시제 평서문으로 바꾸세요.

1. Susan sang songs on the stage. ➡

2. He tried to help his friends. ➡

3. My uncle drove a truck. ➡

4. She took a shower in the evening. ➡

5. Peter wanted a new backpack. ➡

6. My mom washed the dishes after dinner. ➡

해석 1. 수잔은 무대에서 노래를 불렀다. **2.** 그는 그의 친구들을 도와주려고 노력했다. **3.** 나의 삼촌은 트럭을 운전했다. **4.** 그녀는 저녁에 샤워를 했다.
5. 피터는 새 배낭(backpack)을 원했다. **6.** 우리 엄마는 저녁을 먹고 나서 설거지를 했다.
필수 표현 drive a truck 트럭을 운전하다 take a shower 샤워를 하다 wash the dishes 설거지를 하다

03 다음 문장을 의문문으로 바꾸세요.

1. We have snow in winter. ➡

2. Your aunt likes classical music. ➡

3. He always has dinner with his family. ➡

4. Jane works in a post office. ➡

5. They recycle plastics and paper. ➡

6. The student wears glasses. ➡

7. You care for your family. ➡

8. They make it out of wood. ➡

해석 1. 겨울에는 눈이 내린다. **2.** 너희 고모는 클래식 음악을 좋아한다. **3.** 그는 항상 그의 가족과 저녁을 먹는다. **4.** 제인은 우체국(post office)에서 일
한다. **5.** 그들은 플라스틱(plastic)과 종이를 재활용한다(recycle). **6.** 그 학생은 안경을 쓴다. **7.** 너는 너의 가족을 보살핀다(care for). **8.** 그들은 그것
을 나무로 만든다.

19. 일반동사의 현재와 의문문

맞힌 개수 : _____ 개

[1~5] 주어진 동사를 이용하여 현재 시제 문장으로 완성하세요.

1. _____ you _____ a math test today? (have)

2. Kelly _____ to the supermarket after work. (go)

3. Sam never _____ coffee at night. (drink)

4. _____ they _____ pencils? (need)

5. _____ the cat _____ mice well? (catch)

[6~9] 우리말과 같은 뜻이 되도록 괄호 안의 말을 바르게 배열하세요.

6. 마크는 패스트푸드를 좋아하니? (Mark, fast food, Does, like)

_____

7. 우리는 함께 숙제를 한다. (our homework, We, do, together)

_____

8. 짐은 그 큰 상자를 나른다. (the big box, Jim, carries)

_____

9. 너는 영어로 일기를 쓰니? (in English, you, Do, keep a diary)

_____

10. 어법상 틀린 문장을 고르세요.

① Does she exercise every day?   ② Do Max and Jerry draw cartoons?

③ Tom finish the work in time.   ④ Ann enjoys Mexican food.

⑤ My sister talks to her teacher after school.

복습 15~19과
'be동사와 일반동사' 진단평가

맞힌 개수
/30개

• 진단평가에 따른 처방전을 확인하세요.

• 정답 및 해설 26쪽

[1~5] 주어진 동사를 문장에 맞게 현재형으로 바꾸세요.

1. He _____ Korean every morning. (study)

2. The baby always _____ at home. (cry)

3. Tim _____ his school life now. (enjoy)

4. She _____ her allowance every Monday. (get)

5. The child often _____ sweets after school. (eat)

> 해석 1. 그는 매일 아침 한국어를 공부한다. 2. 그 아기는 항상 집에서 운다. 3. 팀은 지금 그의 학교생활을 즐긴다. 4. 그녀는 월요일마다 용돈(allowance)을 받는다. 5. 그 아이는 방과 후에 자주 단것(sweets)을 먹는다.
> 필수 표현 take a shower 샤워를 하다 school life 학교생활 every Monday 월요일마다

[6~10] 주어진 동사를 문장에 맞게 과거형으로 바꾸세요.

6. I _____ upset and walked out. (get)

7. They _____ the bus an hour ago. (miss)

8. Kevin _____ his wallet on the street then. (drop)

9. Kelly _____ her notebook under the sofa last week. (find)

10. We _____ a lot of fish at the aquarium last Saturday. (see)

> 해석 6. 나는 화가 나서 밖으로 나갔다. 7. 그들은 1시간 전에 그 버스를 놓쳤다. 8. 케빈은 그때 그의 지갑(wallet)을 거리에 떨어뜨렸다. 9. 켈리는 지난 주에 그녀의 공책을 소파 아래에서 찾았다. 10. 우리는 지난 토요일에 수족관(aquarium)에서 많은 물고기를 보았다.
> 필수 표현 get upset 화가 나다 miss 놓치다

[11~18] 다음 대화를 보고 빈칸에 알맞은 말을 쓰세요. (부정문은 축약형으로 쓰세요.)

11. _____ the soup very salty?   — No, _____ isn't.

12. _____ you interested in history?   — Yes, _____ am.

13. _____ he absent from school today?   — Yes, _____ was.

14. _____ they at the mall yesterday?   — No, _____ .

15. _____ there any hospital around here?   — Yes, _____ .

16. _____ your uncle a bus driver before?   — Yes, _____ .

17. _____ the students in the 3rd grade now?   — No, _____ .

18. _____ you and Mark on the same team last year?   — Yes, _____ .

해석 11. 그 수프는 매우 짜니? 아니, 안 짜. 12. 너는 역사에 관심이 있니? 응, 관심이 있어. 13. 오늘 그는 학교에 결석했니? 응, 결석했어. 14. 어제 그들은 몰에 있었니? 아니, 없었어. 15. 이 근처에 병원이 있니? 응, 있어. 16. 너의 삼촌은 전에 버스 기사였니? 응, 버스 기사였어. 17. 그 학생들은 지금 3학년이니? 아니, 3학년이 아니야. 18. 너와 마크는 작년에 같은 팀이었니? 응, 우리는 같은 팀이었어.
필수 표현 salty 짠 be interested in ~에 관심이 있다 be absent from ~에 결석하다 in the 3rd grade 3학년인 on the same team 같은 팀에 있는

[19~23] 다음 문장을 지시대로 바꾸세요.

19. You did a good job. (He를 주어로) ➡ _____

20. I fly a kite in the park. (Nancy를 주어로) ➡ _____

21. The medicine tastes very bitter. (과거형으로) ➡ _____

22. They were classmates two years ago. (긍정 의문문으로) ➡ _____

23. He was 13 years old last year. (부정 의문문으로) ➡ _____

해석 19. 너는 잘했다. 20. 나는 공원에서 연을 날린다. 21. 그 약은 매우 쓴맛이 난다. 22. 그들은 2년 전에 학급 친구였다. 23. 그는 작년에 13살이었다.
필수 표현 do a good job 잘하다, 훌륭하다

[24~28] 우리말을 보고 주어진 단어를 이용해 문장을 완성하세요. (동사는 문맥에 맞게 쓰세요.)

24. 그녀는 모래 위에 있는 메시지를 발견했다. (find)

➡ She _____ a message _____ the sand.

25. 나의 선생님은 새로운 도시로 이사를 갔다. (move, new)

➡ My teacher _____ to a _____.

26. 그들은 어제 정시에 학교에 왔다. (come, on time)

➡ They _____ to school _____ yesterday.

27. 제임스는 지난주에 해변에서 예쁜 소녀를 보았다. (see, beach)

➡ James _____ a _____ girl at the _____ last week.

28. 너는 너의 수학 점수에 대해 걱정했니? (be worried about)

➡ _____ you _____ your **math grades**?

math grade 수학 점수

[29~30] 다음 중 어법상 틀린 것을 고르세요.

29. ① Is Kate your best friend? ② My sister and I slept well last night.

③ We studied hard for an English exam. ④ They had lunch at school yesterday.

⑤ She fell over and breaks her leg three days ago.

30. ① We went back to the store. ② Kelly tries to eat good food.

③ Is Pablo Picasso a great painter? ④ The bookstore weren't on the second floor.

⑤ Many polar bears lost their homes.

polar bear 북극곰

진단 결과	맞힌 개수 27개 이상: **소화 양호** │ 잘했습니다! 틀린 문제를 확인하고 다음 과로 넘어가세요!
😊 처방전	맞힌 개수 22~26개: **소화 불량** │ 훈련서 15~19과를 틀린 부분 위주로 다시 공부하세요!
	맞힌 개수 21개 이하: **소화제 긴급 처방** │ 기본서 개념부터 다시 공부하고 훈련서를 푸세요!

20 일반동사의 부정과 부정 의문

• 정답 및 해설 27쪽

○ 이것만은 꼭!

일반동사의 부정문은 현재 시제일 때 동사 앞에 don't(do not)를 붙이면 되는데, 주어가 3인칭 단수 현재일 경우는 doesn't(does not)를 써. 부정 의문문은 Don't나 Doesn't를 주어 앞에 붙이고 동사원형을 쓰면 돼. 우리말로는 '~하지 않니?' 또는 '~안 하니?'라고 해석되며, 대답할 때는 긍정이면 Yes, 부정이면 No라고 하면 돼.

일반동사 현재	긍정 의문문	「Do / Does + 주어 + 동사원형~?」
	부정문	「주어 + don't / doesn't + 동사원형~」
	부정 의문문	「Don't / Doesn't + 주어 + 동사원형~?」

Don't I love you?
내가 널 사랑하지 않나?

나도 헷갈려...

I am confused.
혼란스럽네.

원래 머리가 나쁜 건지...

 01 다음 문장을 부정문과 부정 의문문으로 바꾸세요. (부정문은 축약형으로 쓰세요.)

1. Peter wakes up at 7.　　　　　　　　　➡ Peter doesn't wake up at 7.

➡ Doesn't Peter wake up at 7?

2. The store opens on Sundays.　　　　➡ _____

➡ _____

3. You and your brother come back home late.　➡ _____

➡ _____

4. She makes snowmen with her friend.　➡ _____
　　　　　　　snowman의 복수야.

➡ _____

5. They sometimes see fireflies at night.　➡ _____

➡ _____

해석 1. 피터는 7시에 일어난다. 2. 그 가게는 일요일마다 연다. 3. 너와 네 남동생은 집에 늦게 돌아온다. 4. 그녀는 그녀의 친구와 함께 눈사람들(snowmen)을 만든다. 5. 그들은 가끔 밤에 반딧불(firefly)들을 본다.

다음 질문에 긍정과 부정으로 답하세요. (부정문은 축약형으로 쓰세요.)

1. Does Mary go to bed early?　　— Yes, _____. 　No, _____.

2. Do you have a nickname?　　— Yes, _____. 　No, _____.

3. Don't they like horror movies?　　— Yes, _____. 　No, _____.

4. Do we have homework today?　　— Yes, _____. 　No, _____.

5. Doesn't Sam study science on Monday?　— Yes, _____. 　No, _____.

6. Do they take the bus to school?　　— Yes, _____. 　No, _____.

소화제 **투입**　　Do로 물어보면 do나 don't로 대답하고, Does로 물어보면 does나 doesn't로 대답해. 그리고 부정 의문문에 대한 대답으로는 Yes가 나오면 뒤에 무조건 긍정문이 따라 나오고, No가 나오면 무조건 부정문이 따라 나와야 해.

해석 1. 메리는 일찍 잠자러 가니? 응, 일찍 자. 아니, 일찍 안 자. 2. 너는 별명(nickname)을 가지고 있니? 응, 있어. 아니, 없어. 3. 그들은 공포 영화 (horror movie)를 좋아하지 않니? 응, 좋아해. 아니, 좋아하지 않아. 4. 오늘 숙제가 있니? 응, 있어. 아니, 없어. 5. 샘은 월요일에 과학 공부를 하지 않 니? 응, 해. 아니, 안 해. 6. 그들은 버스를 타고 학교에 가니? 응, 타고 가. 아니, 안 타고 가.

 03　괄호 안에서 알맞은 말을 고르세요.

1. (Do, Does) the earth go around the sun?　　**6.** They (don't, doesn't) work in a bank.

2. (Do, Does) it snow in Jeju-do?　　**7.** (Do, Does) his cat have beautiful eyes?

3. (Do, Does) you go to the farm this Sunday?　**8.** (Don't, Doesn't) she speak Japanese?

4. Susan (don't, doesn't) have a boyfriend.　　**9.** He doesn't (run, runs) in the classroom.

5. Does Jim (do, does) the science project?　　**10.** We (don't, doesn't) have enough water.

해석 1. 지구(earth)가 태양 주위를 도니? 2. 제주도에는 눈이 오니? 3. 너는 이번 일요일에 농장에 가니? 4. 수잔은 남자친구가 없다. 5. 짐은 과학 숙 제를 하니? 6. 그들은 은행에서 일하지 않는다. 7. 그의 고양이는 아름다운 눈을 가지고 있니? 8. 그녀는 일본어를 말하지 않니? 9. 그는 교실에서 뛰지 않는다. 10. 우리는 충분한 물을 가지고 있지 않다.
필수 표현 go around 주위를 돌다　science project 과학 숙제

20. 일반동사의 부정과 부정 의문

맞힌 개수 :　　　　개

[1~5] 다음 긍정 의문문의 현재 시제 대화문을 보고 빈칸에 알맞은 말을 쓰세요.

1. ＿＿＿＿ you learn many things at school? 　— Yes, ＿＿＿＿＿.

2. ＿＿＿＿ James need time and practice? 　— Yes, ＿＿＿＿＿.

3. ＿＿＿＿ Sam and Mary wear school uniforms? 　— No, ＿＿＿＿＿.

4. ＿＿＿＿ she go to the library on Saturday? 　— No, ＿＿＿＿＿.

5. ＿＿＿＿ your grandmother like cold food? 　— No, ＿＿＿＿＿.

[6~9] 우리말과 같은 뜻이 되도록 괄호 안의 말을 바르게 배열하세요.

6. 너의 여동생은 곱슬머리를 가지고 있지 않니? (curly hair, your sister, Doesn't, have)

＿＿＿＿＿＿＿＿＿＿＿＿＿＿＿＿＿＿＿＿＿＿＿＿＿＿＿＿

7. 그는 매일 영어를 연습하니? (every day, he, Does, English, practice)

＿＿＿＿＿＿＿＿＿＿＿＿＿＿＿＿＿＿＿＿＿＿＿＿＿＿＿＿

8. 샘은 해산물 음식을 먹지 않는다. (seafood, doesn't, eat, Sam)

＿＿＿＿＿＿＿＿＿＿＿＿＿＿＿＿＿＿＿＿＿＿＿＿＿＿＿＿

9. 그녀는 해바라기를 좋아하지 않니? (sunflowers, she, like, Doesn't)

＿＿＿＿＿＿＿＿＿＿＿＿＿＿＿＿＿＿＿＿＿＿＿＿＿＿＿＿

10. 다음 중 어법상 틀린 것을 고르세요.

　① Doesn't John eats sweets too much? 　　② We don't know the answer.

　③ Does your dog catch a ball well?

　④ Do you drink lots of water in the morning?

　⑤ She doesn't have English on Wednesday.

21 일반동사 과거의 부정과 부정 의문

• 정답 및 해설 28쪽

○ 이것만은 꼭!

일반동사 과거의 의문문은 Do / Does 대신 do의 과거형인 Did를 문장 맨 앞에 쓰고 주어 뒤에 동사원형을
써. 과거 시제의 의문문 역시 Yes나 No로 대답할 수 있어.
과거의 부정 의문문은 Didn't를 문장 맨 앞에 쓰고, 대답이 긍정이면
무조건 Yes, 부정이면 무조건 No로 대답해.

일반동사 과거	긍정 의문문	「Did + 주어 + 동사원형~?」
	부정문	「주어 + didn't + 동사원형~」
	부정 의문문	「Didn't + 주어 + 동사원형~?」

 01 다음 문장을 부정문과 부정 의문문으로 바꾸세요.

1. He went to work on weekend. ➡

➡

2. She met her friend after lunch. ➡

➡

3. You left your cellphone on the bus. ➡

➡

4. Dave fixed his bicycle in the morning. ➡

➡

5. They took pictures of birds last week. ➡

➡

해석 1. 그는 주말에(on weekend) 출근했다. 2. 그녀는 점심을 먹고 그녀의 친구를 만났다. 3. 너는 버스에 너의 휴대폰을 두었다(leave 남겨 두다). 4.
데이브는 아침에 그의 자전거를 고쳤다. 5. 그들은 지난주에 새들의 사진을 찍었다.
필수 표현 take a picture of ~의 사진을 찍다

다음 질문에 긍정과 부정으로 답하세요.

1. Did I call you last night? — Yes, _____ . No, _____ .

2. Didn't you pass the English exam? — Yes, _____ . No, _____ .

3. Did Sam and Jill buy English books? — Yes, _____ . No, _____ .

4. Did we do the laundry this morning? — Yes, _____ . No, _____ .

5. Didn't she finish the book? — Yes, _____ . No, _____ .

소화제 투입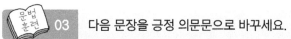
Did you~?에는 Yes, I did.나 No, I didn't.로 대답하고 Did I~?에는 Yes, you did.나 No, you didn't.로 인칭을 바꿔서 대답해야 해.

해석 1. 내가 지난밤에 너에게 전화를 했니? 응, 했어. 아니, 안 했어. 2. 너는 영어 시험에 통과하지 않았니? 응, 통과했어. 아니, 못했어. 3. 샘과 질은 영어 책을 샀니? 응, 샀어. 아니, 안 샀어. 4. 오늘 아침에 우리는 빨래를 했니? 응, 했어. 아니, 안 했어. 5. 그녀는 그 책을 다 읽었니? 응, 다 읽었어. 아니, 다 안 읽었어.

필수 표현 do the laundry 빨래를 하다

 다음 문장을 긍정 의문문으로 바꾸세요.

1. They enjoyed the party last night. ➡ _____

2. Students ate lunch at the cafeteria. ➡ _____

3. Dave had a headache at school. ➡ _____

4. The soccer team won the game. ➡ _____

5. Your cousin sat on the bench. ➡ _____

6. Nancy bought some fruit and vegetables. ➡ _____

해석 1. 그들은 지난밤에 그 파티를 즐겼다. 2. 학생들은 식당(cafeteria)에서 점심을 먹었다. 3. 데이브는 학교에서 두통이 있었다. 4. 그 축구팀은 그 게임에서 이겼다. 5. 너의 사촌은 벤치에 앉았다. 6. 낸시는 과일과 야채(vegetables)를 샀다.

필수 표현 have a headache 두통이 있다 win the game 게임에서 이기다

21. 일반동사 과거의 부정과 부정 의문

맞힌 개수 :   개

[1~5] 다음 의문문의 대화문을 보고 빈칸에 알맞은 말을 쓰세요.

1. Didn't your mother work in a hospital?

   — No, _____ _____ . She _____ in a library.

2. Did Peter tell you the truth? — No, _____ . He _____ me a lie.

3. Didn't they go skiing last month?

   — No, _____ . They _____ skating last month.

4. Did you play the piano yesterday?

   — No, _____ . I _____ the violin yesterday.

5. Did they come back from Spain last Sunday?

   — No, _____ . They _____ back last Saturday.

[6~9] 우리말과 같은 뜻이 되도록 괄호 안의 말을 바르게 배열하세요.

6. 너는 지난밤에 잘 자지 않았니? (last night, sleep well, you, Didn't)

   _____

7. 우리는 공원에서 쓰레기를 주웠다. (in the park, We, the trash, picked up)

   _____

8. 그녀는 어제 분홍색 치마를 입지 않았다. (yesterday, didn't wear, a pink skirt, She)

   _____

9. 그들은 밤에 별들을 봤니? (see, Did, at night, they, stars)

   _____

10. 다음 중 어법상 틀린 것을 고르세요.

    ① Didn't she use your computer last night?

    ② Did Nancy hold her pet in her arms?

    ③ Didn't you had a good dream?   ④ I didn't know the Aladdin story.

    ⑤ Did Sam drive to work the day before yesterday?

22 be동사의 현재와 과거

○ 이것만은 꼭!

be동사의 문장과 형식을 다시 한 번 정리해 보자. be동사가 '~이 있다'로 해석되면 1형식의 완전 자동사가 되고, '~이다'의 뜻으로 2형식에 나오면 불완전 자동사가 돼. 그리고 be동사의 과거형은 was와 were, 부정문을 축약할 때는 wasn't와 weren't야.

형식	문장 요소	동사의 종류	해석
1형식	「S + V + 장소를 나타내는 부사(구)」	완전 자동사	~이 있다
2형식	「S + V + C(명사, 형용사)」	불완전 자동사	~이다

be동사가 있는 문장의 형식을 쉽게 외우는 방식이 있어. 발음으로 외우면 돼.
'이다' 니까 2형식.

01 우리말을 보고 알맞은 be동사를 쓰고, 동사의 종류와 문장의 형식을 괄호 안에 쓰세요.

1. She ___is___ in Germany now. 그녀는 지금 독일에 있다. (완전 자동사) (1형식)

2. I _____ excited but also nervous. 나는 신이 났지만 초조하기도 했다. ( ) ( )

3. _____ Tom very angry with you? 톰은 너에게 매우 화가 났니? ( ) ( )

4. _____ your cellphone old? 네 휴대폰은 오래되었니? ( ) ( )

5. My school _____ far at that time. 그때 우리 학교는 멀었다. ( ) ( )

6. There _____ many students in the gym. 체육관에 많은 학생들이 있다. ( ) ( )

7. _____ the Great Wall of China really amazing? 중국 만리장성은 정말 굉장하니? ( ) ( )

8. They _____ at the bookstore after school. 그들은 방과 후에 서점에 있었다. ( ) ( )

▌ **필수 표현** far 먼 at that time 그때 the Great Wall of China 만리장성 amazing 놀라운, 굉장한

02 다음 질문에 긍정과 부정으로 답하세요. (부정문은 축약형으로 쓰세요.)

1. Was the movie boring last night?   — Yes, _____. No, _____.

2. Is homework useful to you?   — Yes, _____. No, _____.

3. Weren't the gloves really cool?   — Yes, _____. No, _____.

4. Wasn't there a pond in the park before?   — Yes, _____. No, _____.

5. Were they back in their office after lunch? — Yes, _____. No, _____.

해석 1. 지난밤에 본 그 영화는 지루했니? 응, 지루했어. 아니, 지루하지 않았어. 2. 숙제는 너에게 도움이 되니? 응, 도움이 돼. 아니, 도움이 되지 않아. 3. 그 장갑은 정말 멋있지 않았니? 응, 멋있었어. 아니, 멋있지 않았어. 4. 전에 공원에 연못이 있지 않았니? 응, 있었어. 아니, 없었어. 5. 그들은 점심을 먹고 나서 사무실로 돌아왔니? 응, 돌아왔어. 아니, 안 돌아왔어.
필수 표현 useful 도움이 되는(유용한) gloves 장갑 cool 멋진

03 다음 문장을 부정 의문문으로 바꾸세요. (부정문은 축약형으로 쓰세요.)

1. It was a big mistake.   ➡ _____

2. Big cities are dangerous.   ➡ _____

3. Internet shopping is safe.   ➡ _____

4. It was a piece of cake.   ➡ _____

5. Mozart was a great musician.   ➡ _____

6. Some programs are good for studying.   ➡ _____

7. It is your favorite baseball player's number.   ➡ _____

8. There was a big dog in his house.   ➡ _____

해석 1. 그것은 큰 실수(mistake)였다. 2. 큰 도시들은 위험하다. 3. 인터넷 쇼핑은 안전하다. 4. 그것은 누워서 떡 먹기였다. 5. 모차르트는 위대한 음악가였다. 6. 어떤 프로그램들은 공부하는 데 좋다. 7. 그것은 네가 가장 좋아하는 야구 선수의 번호이다. 8. 그의 집에는 큰 개가 있었다.
필수 표현 dangerous 위험한 Internet shopping 인터넷 쇼핑 safe 안전한 a piece of cake 식은 죽 먹기

[1~5] 다음 의문문의 대화문을 보고 빈칸에 알맞은 말을 쓰세요.

1. Are the sunglasses cheap? — No, _____ . They _____ expensive.

2. Wasn't the concert interesting? — No, _____ . It _____ a little boring.

3. Is he nervous about the interview? — No, _____ . He _____ excited.

4. Weren't there my socks on the sofa?

    — No, _____ . They _____ under the sofa.

5. Was the steak delicious yesterday?

    — No, _____ . It _____ not good.

[6~9] 우리말과 같은 뜻이 되도록 괄호 안의 말을 바르게 배열하세요.

6. 토마스 에디슨은 발명가였다. (an inventor, was, Thomas Edison)

   _____

7. 개는 좋은 애완동물이니? (dogs, good pets, Are)

   _____

8. 사람들에게 돈은 중요하니? (important, Is, to people, money)

   _____

9. 지난 목요일에 비가 오지 않았니? (last Thursday, it, rainy, Wasn't)

   _____

10. 다음 중 어법상 틀린 것을 고르세요.

    ① Are you tired of school?   ② Isn't she a famous violinist?

    ③ The math test was easy for me.   ④ We weren't at the science lab yesterday.

    ⑤ Wasn't there many coffee shops on the street?

[1~10] 다음 문장을 지시대로 바꾸세요. (부정문은 축약형으로 쓰세요.)

1. Her sister goes to university. (부정문)

➡ _____

2. You were scared of snakes. (부정 의문문)

➡ _____

3. They took out the garbage. (부정문)

➡ _____

4. You turned off the cellphone. (부정 의문문)

➡ _____

5. Was he a famous writer before? (부정 평서문)

➡ _____

6. Your mom takes you to the dentist. (긍정 의문문)

➡ _____

7. Jill visited her uncle last weekend. (긍정 의문문)

➡ _____

8. They take guitar lessons after school. (부정문)

➡ _____

9. She lost her weight two years ago. (긍정 의문문)

➡ _____

10. Sally was in the photo club at school last year. (부정 의문문)

➡ _____

해석 1. 그녀의 언니는 대학교(university)에 간다. **2.** 너는 뱀(snake)을 무서워했다. **3.** 그들은 그 쓰레기(garbage)를 버렸다(take out 버리다). **4.** 너는 휴대폰을 껐다(turn off 끄다). **5.** 그는 전에 유명한 작가(writer)였니? **6.** 너의 엄마는 너를 치과(dentist)에 데리고 간다. **7.** 질은 지난 주말에 그녀의 삼촌을 방문했다. **8.** 그들은 방과 후에 기타 수업(lesson)을 받는다. **9.** 그녀는 2년 전에 살을 뺐다. **10.** 샐리는 작년에 학교에서 사진(photo) 동아리에 있었다.

필수 표현 be scared of ~을 무서워하다

[11~16] 괄호 안에서 알맞은 것을 고르세요.

11. (Are, Is) Jake a good listener?

12. (Does, Do) David wear glasses?

13. (Did, Do) she sleep in her room yesterday?

14. (Did, Were) you late for school today?

15. Did John (drink, drank) juice in the morning?

16. (Aren't, Isn't) Kelly good at singing and dancing?

> **해석 11.** 제이크는 남의 말을 잘 듣는 사람이니? **12.** 데이빗은 안경을 쓰니? **13.** 어제 그녀는 그녀의 방에서 잤니? **14.** 너는 오늘 학교에 늦었니?
> **15.** 존은 아침에 주스를 마셨니? **16.** 켈리는 노래하고 춤추는 것을 잘하지 않니?
> **필수 표현 a good listener** 남의 말을 잘 듣는 사람 **wear glasses** 안경을 쓰다 **be good at** ~을 잘하다

[17~23] 다음 대화를 보고 빈칸에 알맞은 말을 쓰세요. (부정문은 축약형으로 쓰세요.)

17. _____Did_____ you eat spaghetti for lunch? — _____Yes_____, _____I_____ _____did_____. It was delicious.

18. Didn't you have a good vacation? — _____, _____. It was great.

19. _____ you want anything else? — _____, _____. That's all.

20. _____ they take a taxi last night? — _____, _____. They took a bus.

21. _____ Ally find her dog yesterday? — _____, _____. She is still looking for it.

22. _____ Max win the game? — _____, _____. He won first place in the game.

23. _____ Tom have dinner with her yesterday?

— _____, _____. He had the steak for dinner with her.

> **해석 17.** 너는 점심으로 스파게티를 먹었니? 응, 먹었어. 맛있었어. **18.** 너는 휴가를 잘 보내지 않았니? 응, 잘 보냈어. 그것은 멋졌어. **19.** 다른 어떤 것
> 을 더 원하나요? (더 원하는 게 있나요?) 아니요, 없어요. 그게 전부입니다. **20.** 그들은 지난밤에 택시를 탔니? 아니, 안 탔어. 그들은 버스를 탔어. **21.** 앨
> 리는 어제 그녀의 개를 찾았니? 아니, 못 찾았어. 그녀는 아직도 그것을 찾고 있어. **22.** 맥스는 그 게임에서 이겼니? 응, 이겼어. 그는 그 게임에서 1등으로
> 이겼어. **23.** 톰은 어제 그녀와 저녁을 먹었니? 응, 먹었어. 그는 그녀와 같이 저녁으로 스테이크를 먹었어.
> **필수 표현 That's all.** 그게 전부예요. **take a taxi** 택시를 타다 **still** 여전히 **win first place** 1등을 하다 **steak** 스테이크

[24~28] 우리말을 보고 주어진 단어를 이용해 문장을 완성하세요.

24. 너는 베트남 음식을 좋아하니? (like)

➡ _____ you _____ Vietnamese _____ ?

25. 그는 도움을 요청했니? (ask, help)

➡ _____ he _____ for _____ ?

26. 그 가게는 11시에 여니? (open)

➡ _____ the store _____ at 11 o'clock?

27. 그 학생들은 질문을 하지 않았다. (have, questions)

➡ The students _____ .

28. 제인이 이 그림들을 그렸니? (paint, pictures)

➡ _____ Jane _____ these _____ ?

[29~30] 다음 중 어법상 **틀린** 것을 고르세요.

29. ① Are you ready to order?　　② Nancy isn't a good cook.

③ Does he know all the basketball players?　　④ My team didn't won the soccer game.

⑤ They didn't do well on the math test.

30. ① Do you want to join us?　　② I didn't lose my bag in the library.

③ Does Sam misses his family?　　④ They were smart and talented before.

⑤ Aren't you proud of your brother?

진단 결과	맞힌 개수 **27개 이상: 소화 양호** | 잘했습니다! 틀린 문제를 확인하고 2권으로 넘어가세요!
처방전	맞힌 개수 **22~26개: 소화 불량** | 훈련서 20~22과를 틀린 부분 위주로 다시 공부하세요!
	맞힌 개수 **21개 이하: 소화제 긴급 처방** | 기본서 개념부터 다시 공부하고 훈련서를 푸세요!

표로 정리하는 문장의 5형식과 동사의 종류

문장의 5형식

문장의 형식	동사의 종류	대표 문장	품사
1형식 주어 + 술어(S + V)	(완전) 자동사	Two birds fly.	술어가 될 수 있는 품사: 동사
2형식 주어 + 술어 + 보어(S + V + C)	불완전 자동사	Sam is a teacher. Mom is tired.	주격 보어가 될 수 있는 품사: 명사, 형용사
3형식 주어 + 술어 + 목적어(S + V + O)	(완전) 타동사	You hate dogs.	목적어가 될 수 있는 품사: 명사, 대명사
4형식 주어 + 술어 + 간접 목적어 + 직접 목적어 (S + V + IO + DO)	수여동사	I give her flowers. I made him the toy.	
5형식 주어 + 술어 + 목적어 + 목적 보어 (S + V + O + OC)	불완전 타동사	You see him cook. He makes me happy.	목적 보어가 될 수 있는 품사: 동사, 명사, 형용사

꼭 외워야 할 동사의 종류

동사의 종류	대표 동사	예문
1형식 동사인 **(완전) 자동사**	go, die, sit, stay, run, sleep, swim, wait, stand, live, agree, arrive, fall, rise, happen, laugh	He sleeps soundly. He runs in the park.
2형식 동사인 **불완전 자동사**	be동사: am, are, is '되다' 동사류: become, get, grow, go, turn '느껴지다' 동사류: sound, smell, taste, feel, look, seem, appear	Sam is handsome. Sam gets tired. Sam sounds angry. Sam seems ill.
3형식 동사인 **(완전) 타동사**	pass, pay, play, promise, read, sing, teach, take care of, tell, write	I tell the truth. He plays golf.
4형식 동사인 **수여동사**	give, lend, send, teach, show, tell, write, pay, bring, sell, buy, do, ask, find, get, make, cook	I give Tim my heart. He sends me flowers.
5형식 동사인 **불완전 타동사**	지각동사: feel, hear, see, smell, watch 사역동사: let, help, have, make 기타동사 1: keep, find, call, make, turn, elect 기타동사 2: want, tell, ask, get, allow, encourage	I feel the baby move. I let him study music. I call him a star. She wanted him to study hard.

정말 수고 많았어!

1권 공부, 끝!

2권으로 고고씽!

문단열의

중학 영문법
소화제

교과서 예문 **훈련서** ①

정답 및 해설

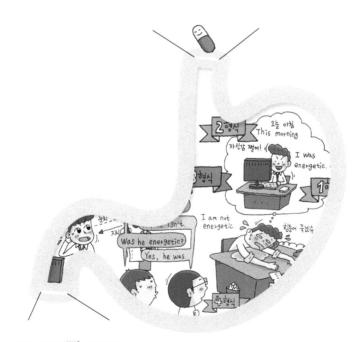

내신까지 뻥 뚫린다!

문법 훈련 01

1. history, name, story   2. start, sing, remember, stay, tell   3. funny, tired, new, easy   4. very, usually, quickly, already   5. ah, oh   6. in, at, on   7. you, they, I   8. and, but, or

문법 훈련 02

1. She looks pretty. (형용사)
2. I play the piano on Friday. (전치사)
3. They want spaghetti. (대명사)
4. He has some money. (명사)
5. We go on a picnic. (동사)
6. John is poor but happy. (접속사)
7. My brother walks fast. (부사)
8. Oh, it's wonderful. (감탄사)

1. pretty는 주어 She의 생김새를 묘사하는 형용사이다.
2. on은 명사 Friday 앞에 쓰이는 요일을 나타내는 전치사이다.
3. They는 명사를 대신하는 대명사이다.
4. money는 사물의 이름을 나타내는 명사이다.
5. go는 동작을 나타내는 동사이다.
6. but은 poor와 happy을 연결해 주는 접속사이다.
7. fast는 동사 walks를 꾸며 주는 부사이다.
8. Oh는 감정을 나타내는 감탄사이다.

문법 훈련 03

1. Oops! I lost the key.
   감탄사 동사
2. Tom talks slowly.
        부사
3. Jane studies in the library.
        전치사 명사
4. We give her presents.
   대명사 동사
5. He watches TV.
      동사 명사
6. It is sunny and hot.
      형용사 접속사 형용사
7. Teachers are very kind.
        동사 부사

1. Oops는 감정을 나타내는 감탄사이다.
2. slowly는 동사 talks를 꾸며 주는 부사이다.
3. in은 명사 library 앞에 쓰여 장소를 나타내는 전치사이고, library는 사물의 이름을 나타내는 명사이다.
4. We는 명사를 대신하는 대명사이고, give는 동작을 나타내는 동사이다.
5. watches는 동작을 나타내는 동사이고, TV는 사물의 이름을 나타내는 명사이다.
6. sunny와 hot은 날씨의 상태를 나타내는 형용사이고, and는 sunny와 hot을 연결하는 접속사이다.
7. are은 주어 Teachers의 상태를 나타내는 동사이고, very는 형용사 kind를 꾸며 주는 부사이다.

시험에는 이렇게 나온다

1. 동사 2. 형용사 3. 명사 4. 감탄사 5. 접속사 6. day, 명사 7. want, 동사 8. They, 대명사 9. at, 전치사 10. ⑤

1. 우리는 애완동물을 가지고 있다.
   have는 동작을 나타내는 동사이다.
   어휘 pet 애완동물
2. 그녀는 행복하게 느낀다.
   happy는 주어 She의 상태를 나타내는 형용사이다.
3. 너는 어떤 종류의 음식을 좋아하니?
   food는 사물의 이름을 나타내는 명사이다.
4. 오, 나는 그걸 몰랐다.
   Oh는 감정을 표현하는 감탄사이다.
5. 그는 잘생기고 똑똑하다.
   and는 handsome과 smart를 연결하는 접속사이다.
6. 오늘이 무슨 요일이니?
   day는 '요일'이라는 뜻으로 사물의 이름을 나타내는 명사이다.
7. 나는 이 신발들을 원한다.
   주어 I 다음에는 동사가 필요하다.
8. 그들은 매주 골프를 친다.
   문장 맨 앞에는 보통 주어가 온다. They는 명사를 대신하는 대명사이다.
9. 메리는 10시에 자러 간다.
   10 o'clock은 시간을 나타내므로 시간을 나타내는 전치사 at이 필요하다.
   어휘 go to bed 자러 가다(간다)
10. ① 그녀의 머리카락은 예쁘다. ② 너와 나는 좋은 친구다. ③ 팀은 멋진 차를 가지고 있다. ④ 내가 가장 좋아하는 계절은 여름이다. ⑤ 정말 많이 고마워.
   pretty, good, nice, favorite은 형용사이지만 much는 부사 so를 꾸며 주는 부사이다.

02과 문장 구성 5요소 15쪽

문법 훈련 01

1. She buys a book.
   주어 술어 목적어

2. The boy becomes a doctor.
   주어　　술어　　보어

3. I love you so much.
   주어 술어 목적어 수식어

4. Jane is a teenager.
   주어 술어 보어

5. They are strong.
   주어 술어 보어

6. We jog in the morning.
   주어 술어 수식어

7. I see a giraffe in the zoo.
   주어 술어 목적어 수식어

8. Mark wants a cellphone.
   주어 술어 목적어

9. His brother is 10 years old.
   주어 술어 보어

10. Her cat sleeps much.
    주어 술어 수식어

문법 훈련 02

1. 술어, 동사 2. 주어, 명사 3. 목적어, 명사 4. 수식어, 부사
5. 술어, 동사 6. 주어, 대명사 7. 술어, 동사 8. 보어, 명사
9. 목적어, 명사 10. 주어, 명사 11. 수식어, 전치사
12. 수식어, 부사 13. 주어, 대명사 14. 목적어, 대명사
15. 술어, 동사 16. 보어, 형용사

1. has는 동작을 나타내는 동사이다.
2. John은 사람의 이름을 나타내는 명사이다.
3. stars는 사물의 이름을 나타내는 명사이다.
4. well은 동사 dance를 꾸며 수는 부사이나.
5. sings는 동작을 나타내는 동사이다.
6. She는 명사를 대신하는 대명사이다.
7. go는 동작을 나타내는 동사이다.
8. students는 이름을 나타내는 명사이다.
9. emails는 사물의 이름을 나타내는 명사이다.
10. Leaves는 사물의 이름을 나타내는 명사이다.

11. in은 명사 apartment 앞에 쓰인 장소를 나타내는 전치사이다.
12. hard는 동사 study를 꾸며 주는 부사이다.
13. This는 명사를 대신하는 대명사이다.
14. it은 명사를 대신하는 대명사이다.
15. make는 동작을 나타내는 동사이다.
16. happy는 주어 I의 상태를 나타내는 형용사이다.

시험에는 이렇게 나온다

1. 보어 2. 목적어 3. 주어 4. 술어 5. 수식어
6. becomes, 술어 7. Today, 주어 8. smile, 목적어
9. delicious, 보어 10. ②

1. 그녀는 피곤함을 느낀다.
   형용사 tired는 주어 She의 상태를 보충 설명하는 보어이다.
2. 우리는 사계절을 가지고 있다.
   명사 four seasons가 have의 대상이므로 목적어이다.
   어휘 four seasons 사계절
3. 김 선생님은 수학을 가르친다.
   Mr. Kim은 teaches의 주체이므로 주어이다.
4. 앤디는 그 문제를 푼다.
   solves는 Andy의 동작을 나타내므로 술어이다.
   어휘 solve 풀다, 해결하다 problem 문제
5. 나는 저녁을 먹고 나서 숙제를 한다.
   after dinner는 술어 do를 꾸며 주는 수식어이다.
   어휘 do one's homework 숙제를 하다 after dinner 저녁을
   먹고 나서
6. 그는 위대한 음악가가 된다.
   becomes는 주어 He의 상태를 나타내는 술어이다.
   어휘 musician 음악가
7. 오늘은 학교 첫 날이다.
   Today는 동사 is의 주체이므로 주어이다.
8. 너는 사랑스러운 미소를 가지고 있다.
   smile은 have의 대상이므로 목적어이다.
   어휘 lovely 사랑스러운
9. 그 케이크는 맛있어 보인다.
   술어 looks는 주어 The cake를 보충 설명하는 보어가 필요하다.
   어휘 delicious 맛있는
10. ① 우리는 토요일에 쇼핑을 간다. ② 앨리는 고양이들을 돌본다.
    ③ 그는 그의 아이들을 위해 과일을 산다. ④ 그들은 함께 산책
    을 한다. ⑤ 나는 서점에서 그를 만난다.
    on Saturday, for his children, together, at the bookstore
    는 다른 문장 구성 요소를 꾸며 주는 수식어이지만, take care
    of는 동사(구)로 주어 Ally의 동작을 나타내므로 술어가 된다.

어휘 go shopping 쇼핑하러 가다 take care of 돌보다 take a walk 산책하다 bookstore 서점

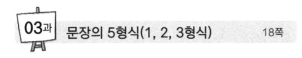

03과 문장의 5형식(1, 2, 3형식)   18쪽

문법 훈련 01

1. You look sad today. (2형식)
   S   V   C

2. It sounds great! (2형식)
   S   V   C

3. They usually walk to school. (1형식)
   S   V

4. We have two dogs. (3형식)
   S   V   O

5. My sister and I go to the park. (1형식)
        S   V

6. Mike likes kimchi very much. (3형식)
   S   V   O

7. She cries all day. (1형식)
   S   V

8. Jenny becomes a nurse. (2형식)
   S   V   C

9. Sam watches the movie again. (3형식)
   S   V   O

10. His shirt looks dirty. (2형식)
    S   V   C

1. 주어 You의 상태를 설명하는 보어 sad가 있으므로 2형식이다.
2. 주어 It을 설명하는 보어 great가 있으므로 2형식이다.
3. to school은 부사구로 수식어에 해당하므로, 이 문장은 『주어(They)+술어(walk)』로 이루어진 1형식이다.
4. 술어 have의 대상이 되는 목적어 two dogs가 있으므로 3형식이다.
5. to the park는 부사구로 수식어에 해당하므로, 이 문장은 『주어(My sister and I)+술어(go)』로 이루어진 1형식이다.
6. 술어 likes의 대상이 되는 목적어 kimchi가 있으므로 3형식이다.
7. all day는 부사구로 수식어에 해당하므로, 이 문장은 주어 She와 동사 cries로 이루어진 1형식이다.
8. 주어 Jenny를 설명하는 보어 a nurse가 있으므로 2형식이다.
9. 술어 watches의 대상인 the movie가 있으므로 3형식이다.
10. 주어 His shirt를 설명하는 보어 dirty가 있으므로 2형식이다.

문법 훈련 02

1. 불완전 자동사, 2형식 2. 타동사, 3형식
3. 완전 자동사, 1형식 4. 완전 자동사, 1형식
5. 타동사, 3형식 6. 불완전 자동사, 2형식

1. friendly는 주어 She를 보충해 주는 보어이므로 이 문장은 2형식이며 2형식 동사는 불완전 자동사이다.
   어휘 friendly 다정한
2. 술어 eats의 대상인 목적어 a sandwich가 있으므로 이 문장은 3형식이며 3형식 동사는 타동사이다.
3. 술어 live 뒤에 있는 in the country는 술어를 꾸며 주는 수식어로, 문장의 형식에 아무런 영향을 주지 않으므로 이 문장은 '주어+술어'로 이루어진 1형식이며, 1형식 동사는 완전 자동사이다.
4. 술어 talk 뒤에 있는 about our future는 술어를 꾸며 주는 수식어로, 문장의 형식에 아무런 영향을 주지 않으므로 이 문장은 '주어+술어'로 이루어진 1형식이며, 1형식 동사는 완전 자동사이다.
5. 술어 has의 대상인 목적어 blue eyes가 있으므로 이 문장은 3형식이며, 3형식 동사는 타동사이다.
6. a guitarist는 주어 He를 보충해 주는 보어이므로 이 문장은 2형식이며, 2형식 동사는 불완전 자동사이다.

문법 훈련 03

1. Jim and Andy are in the library. (1형식)
2. My teacher is kind and pretty. (2형식)
3. Ms. Brown has three children. (3형식)
4. I know the answer. (3형식)
5. They go to the museum. (1형식)

1. in the library는 수식어이며 be동사가 '~이 있다'로 해석되므로 이 문장은 1형식이다.
2. kind and pretty는 주어 My teacher를 보충해 주는 보어이므로 이 문장은 2형식이다.
3. 술어 has의 대상인 목적어 three children이 있으므로 이 문장은 3형식이다.
4. 술어 know의 대상인 목적어 the answer가 있으므로 이 문장은 3형식이다.
5. 술어 go 뒤에 있는 to the museum은 술어를 꾸며 주는 수식어로 문장의 형식에 아무런 영향을 주지 않으므로 이 문장은 '주어+술어'로 이루어진 1형식이다.

시험에는 이렇게 나온다

1. 내 여동생은 장난감을 원한다. 3형식

2. 그는 과학자가 된다. 2형식

3. 그 아기는 사랑스러워 보인다. 2형식

4. 너는 좋은 시간을 갖는다. 3형식

5. 그의 고양이는 소파 위에서 잔다. 1형식

6. cleans, 3형식 7. are, 2형식 8. meets, 3형식

9. go, 1형식 10. ⑤

1. 술어 wants의 대상인 목적어 a toy가 있으므로 이 문장은 3형식이다.

2. a scientist가 주어 He를 보충 설명해 주는 보어이므로 이 문장은 2형식이다.

3. lovely가 주어 The baby를 보충 설명해 주는 보어이므로 이 문장은 2형식이다.

4. 술어 have의 대상인 목적어 a good time이 있으므로 이 문장은 3형식이다.

5. 술어 sleeps 뒤에 있는 on the sofa는 술어를 꾸며 주는 수식어로, 문장의 형식에 아무 영향을 주지 않으므로 이 문장은 『주어+술어』로 이루어진 1형식이다.

6. 메리는 그녀의 방을 청소한다.
   술어 cleans의 대상인 목적어 her room이 있으므로 3형식이다.

7. 그들은 나의 조부모이다.
   my grandparents가 주어 They를 보충 설명해 주는 보어이므로 이 문장은 2형식이다.

8. 그는 공원에서 그의 친구를 만난다.
   술어 meets의 대상인 목적어 his friend가 있으므로 3형식이다.

9. 데이브와 나는 병원에 간다.
   to the hospital은 수식어로, 문장의 형식에 아무 영향을 주지 않으므로 이 문장은 『주어+술어』로 이루어진 1형식이다.

10. ① 그는 나의 이름을 안다. ② 나의 가족은 7시에 저녁을 먹는다. ③ 토니는 찬물을 원한다. ④ 우리는 햄버거를 먹는다. ⑤ 그녀는 몰에 간다.
    ①, ②, ③, ④번 문장에서 my name, dinner, cold water, hamburgers는 각각 술어의 대상이 되는 목적어이므로 모두 3형식 문장들이다. 하지만 ⑤번 문장에서 to the mall은 수식어이므로 이 문장은 주어 She와 술어 goes로 이루어진 1형식이다.

 04과 문장의 5형식(4, 5형식) 21쪽

문법 훈련 01

1. He brings her an umbrella. (4형식)
     S   V   IO   DO

2. It makes me happy. (5형식)
     S   V   O OC

3. Mr. Burnt teaches us English. (4형식)
       S   V   IO   DO

4. I hear a baby cry. (5형식)
    S V   O   OC

5. My mom tells me a story. (4형식)
       S   V IO DO

6. She sees him play games. (5형식)
     S   V   O   OC

7. Kate sends me a present. (4형식)
      S   V IO   DO

8. They feel windows shake. (5형식)
     S   V   O   OC

9. He gives her a necklace. (4형식)
     S V IO   DO

10. We make the dog its house. (4형식)
      S   V   IO   DO

1. 문장 안에 목적어가 두 개인 간접 목적어 her와 직접 목적어 an umbrella가 있으므로 4형식이다.

2. 목적어 me의 상태를 설명해 주는 목적 보어 happy가 있으므로 5형식이다.

3. 문장 안에 목적어가 두 개인 간접 목적어 us와 직접 목적어 English가 있으므로 4형식이다.

4. 목적어 a baby의 동작을 설명해 주는 목적 보어 cry가 있으므로 5형식이다.

5. 문장 안에 목적어가 두 개인 간접 목적어 me와 직접 목적어 a story가 있으므로 4형식이다.

6. 목적어 him이 하고 있는 일을 설명해 주는 목적 보어 play games가 있으므로 5형식이다.

7. 문장 안에 목적어가 두 개인 간접 목적어 me와 직접 목적어 a present가 있으므로 4형식이다.

8. 목적어 windows의 상태를 설명해 주는 목적 보어 shake가 있으므로 5형식이다.

9. 문장 안에 목적어가 두 개인 간접 목적어 her와 직접 목적어 a necklace가 있으므로 4형식이다.

10. 문장 안에 목적어가 두 개인 간접 목적어 the dog와 직접 목적어 its house가 있으므로 4형식이다.

문법 훈련 02

1. 수여동사, 4형식 2. 불완전 타동사, 5형식
3. 수여동사, 4형식 4. 불완전 타동사, 5형식
5. 불완전 타동사, 5형식 6. 불완전 타동사, 5형식

1. 목적어가 간접 목적어 us와 직접 목적어 cookies 두 개이므로 이 문장은 4형식이며, 4형식 동사는 수여동사이다.
2. 목적어 children이 하고 있는 일을 설명해 주는 목적 보어 swim이 있으므로 이 문장은 5형식이며, 5형식 동사는 불완전 타동사이다.
3. 목적어가 간접 목적어 her와 직접 목적어 his car 두 개이므로 이 문장은 4형식이며, 4형식 동사는 수여동사이다.
4. 목적어 me를 설명하는 목적 보어 'Su'가 있으므로 이 문장은 5형식이며, 5형식 동사는 불완전 타동사이다.
5. 목적어 them이 하는 일을 설명해 주는 목적 보어 shout가 있으므로 이 문장은 5형식이며, 5형식 동사는 불완전 타동사이다.
6. 목적어 him을 설명해 주는 목적 보어 a best player가 있으므로 이 문장은 5형식이며, 5형식 동사는 불완전 타동사이다.

문법 훈련 03

1. She sends him a letter. 4형식
2. Mark lends me some money. 4형식
3. The song makes me sad. 5형식
4. He gives me a nice sweater. 4형식
5. The movie makes her a movie star. 5형식
6. They see him play soccer. 5형식

1. 목적어가 간접 목적어 him과 직접 목적어 a letter 두 개이므로 이 문장은 4형식이다.
2. 목적어가 간접 목적어 me와 직접 목적어 some money 두 개이므로 이 문장은 4형식이다.
3. 목적어 me의 상태를 설명해 주는 목적 보어 sad가 있으므로 이 문장은 5형식이다.
4. 목적어가 간접 목적어 me와 직접 목적어 a nice sweater 두 개이므로 이 문장은 4형식이다.
5. 목적어 her를 보충 설명해 주는 목적 보어 a movie star가 있으므로 이 문장은 5형식이다.
6. 목적어 him이 하는 일을 설명해 주는 목적 보어 play soccer가 있으므로 이 문장은 5형식이다.

시험에는 이렇게 나온다

1. 제임스는 새들이 날아가는 것을 본다. 5형식
2. 그는 그녀에게 반지를 사 준다. 4형식
3. 켈리는 사람들이 싸우는 소리를 듣는다. 5형식
4. 그들은 그에게 약간의 돈을 준다. 4형식
5. 축구 경기는 나를 신나게 만든다. 5형식
6. write, 4형식 7. watch, 5형식 8. shows, 4형식
9. makes, 5형식 10. ④

1. 목적어 birds의 동작을 설명해 주는 목적 보어 fly가 있으므로 이 문장은 5형식이다.
2. 목적어가 간접 목적어 her와 직접 목적어 a ring 두 개이므로 이 문장은 4형식이다.
3. 목적어 people의 동작을 보충 설명해 주는 목적 보어 fight가 있으므로 이 문장은 5형식이다.
4. 목적어가 간접 목적어 him과 직접 목적어 some money 두 개이므로 이 문장은 4형식이다.
5. 목적어 me의 상태를 보충 설명해 주는 목적 보어 excited가 있으므로 이 문장은 5형식이다.
   어휘 excited 신나는, 흥분한
6. 그들은 그에게 엽서를 쓴다.
   목적어가 him과 postcards 두 개이므로 이 문장은 4형식이다.
   어휘 postcard 엽서
7. 나는 우리 이모가 스파게티를 요리하는 것을 지켜본다.
   목적어 my aunt가 하는 일을 설명해 주는 목적 보어 cook spaghetti가 있으므로 이 문장은 5형식이다.
8. 그 남자는 나에게 길을 알려 준다.
   목적어가 me와 the way 두 개이므로 이 문장은 4형식이다.
   어휘 show one the way ~에게 길을 알려 주다
9. 이 그림은 그녀를 좀 슬프게 만든다.
   목적어 her의 상태를 보충 설명해 주는 목적 보어 a little sad가 있으므로 이 문장은 5형식이다.
10. ① 그녀는 그녀의 친구에게 비밀을 말한다. ② 나의 엄마는 우리에게 피자를 만들어 준다. ③ 저 여자는 나에게 미술을 가르쳐 준다. ④ 너는 나를 매우 화나게 만든다. ⑤ 존은 너에게 꽃을 좀 보낸다.
    ①, ②, ③, ⑤번 문장은 각각 목적어가 두 개이므로 모두 4형식이다. 하지만 ④번 문장에서 very angry는 목적어 me의 상태를 보충 설명해 주는 목적 보어이므로 이 문장은 5형식이다.
    어휘 secret 비밀 art 미술

05과 구와 절 1　　　　　　　　24쪽

문법 훈련 01

　1. 구　2. 구　3. 구　4. 단어　5. 절

1. very excited는 단어가 두 개 이상 모여 보어의 역할을 하므로 (보어)구이다.
2. My guitar는 단어가 두 개 이상 모여 주어의 역할을 하므로 (주어)구이다.
3. after school은 단어가 두 개 이상 모여 술어를 꾸며 주는 (수식어)구이다.
4. Health는 낱말 하나로 되어 있는 단어이다.
5. but Jerry is poor는 주어 Jerry와 동사 is로 이루어진 절이다.

문법 훈련 02

　1. 형용사구, 보어구　2. 명사구, 주어구　3. 부사구, 수식어구
　4. 형용사구, 보어구　5. 부사구, 수식어구

1. too heavy는 주어 The box의 상태를 나타내는 형용사구이자 주어를 보충 설명해 주는 보어구이다.
2. Some people은 이름을 나타내는 명사구이자 동작의 주체가 되는 주어구이다.
3. under the chair는 장소를 나타내는 부사구이자 수식어구이다.
4. so difficult는 주어 Math의 성질을 나타내는 형용사구이자 주어를 보충 설명해 주는 보어구이다.
5. in the pond는 장소를 나타내는 부사구이자 수식어구이다.

문법 훈련 03

　1. 명사구, 주어구, 2형식　2. 명사구, 보어구, 2형식
　3. 부사구, 수식어구, 1형식　4. 명사구, 보어구, 2형식
　5. 명사구, 주어구, 2형식　6. 명사구, 보어구, 2형식
　7. 부사구, 수식어구, 1형식

1. Your plan은 명사구이자 동사의 주체가 되는 주어구이며, 주어 Your plan을 설명하는 보어 good이 있으므로 이 문장은 2형식이다.
2. my favorite sport는 명사구이자 주어 basketball을 보충 설명하는 보어구이므로 이 문장은 2형식이다.
3. in the tennis club은 장소를 나타내는 부사구이자 수식어구이며, am은 '~에 있다'로 해석되므로 이 문장은 1형식이다.
4. a kind teacher는 명사구이자 주어 Ms. Brown을 보충 설명하는 보어구이므로 이 문장은 2형식이다.

5. Our first class는 명사구이자 동사의 주체가 되는 주어구이며, 주어를 설명하는 보어 science가 있으므로 이 문장은 2형식이다.
6. my best friend는 명사구이자 주어 You를 보충 설명하는 보어구이므로 이 문장은 2형식이다.
7. at 9 o'clock은 시간을 나타내는 부사구이자 수식어구이며, 이 문장은 주어 Jane과 동사 sleeps로 이루어진 1형식이다.

시험에는 이렇게 나온다

　1. 나는 매우 초조하다. 보어구　2. 토니는 뉴욕에 산다. 수식어구
　3. 그 의자는 너무 작다. 보어구　4. 너의 학교는 크니? 주어구
　5. 그의 아버지는 강해 보인다. 주어구
　6. Our English room is upstairs. 1형식
　7. Your eyes are brown. 2형식
　8. I go to the amusement park. 1형식
　9. The man in the picture is my uncle. 2형식　10. ④

1. very nervous는 주어 I를 보충 설명하는 보어구이다.
　　어휘　nervous 초조한
2. in New York은 동사 lives를 자세히 설명해 주는 수식어구이다.
3. too small은 주어 The chair를 보충 설명하는 보어구이다.
4. 의문문인 이 문장은 주어와 동사의 위치가 바뀌어 있으므로, 주어 your school은 동사 is의 주체가 되는 주어구이다.
5. His father는 동사 looks의 주체가 되는 주어구이다.
6. upstairs는 '위층에'라는 부사로, 문장 성분에 영향을 주지 않으며, 동사 is가 '~에 있다'라고 해석되므로 이 문장은 1형식이다.
7. brown은 주어 Your eyes의 색을 나타내는 보어이므로 이 문장은 2형식이다.
8. 이 문장은 주어 I와 동사 go로 이루어진 1형식 문장이며, to the amusement park는 수식어구이다.
　　어휘　amusement park 놀이공원
9. my uncle이 주어 The man을 보충 설명하는 보어이므로 이 문장은 2형식이다. 여기서 in the picture는 수식어구이므로 문장 성분에 영향을 주지 않는다.
10. ① 나의 형들은 소파에 앉는다. ② 그 소녀는 강을 따라 걷는다. ③ 네가 가장 좋아하는 과목은 무엇이니? ④ 정원에 있는 그 꽃들은 장미들이다. ⑤ 수잔과 마이크는 수줍음이 많다.
　　①, ②, ③, ⑤번은 동사의 주체가 되는 주어구이며 ④번 문장에서 in the garden는 장소를 나타내는 수식어구이다.
　　어휘　along ~을 따라, shy 수줍음을 많이 타는

문법 훈련 01

1. 직접 목적어구　2. 간접 목적어구　3. 목적어구
4. 주어구　5. 술어구

1. your bicycle은 '너의 자전거를'이라고 해석되는 직접 목적어구이다.
2. me and my sister는 '나와 내 여동생에게'라고 해석되는 간접 목적어구이다.
3. Let's는 '~을 하자'라는 뜻으로 뒤에 바로 동사원형이 온다. 이 문장에서 주어는 생략되어 있으며 동사 start와 목적어 our first class로 되어 있는 3형식 문장이다.
4. My brother는 술어 plays의 주체가 되는 주어구이다.
5. listen to는 동작을 나타내는 술어구이다.

문법 훈련 02

1. 술어구, 3형식　2. 목적어구, 3형식
3. 직접 목적어구, 4형식　4. 수식어구, 3형식
5. 간접 목적어구, 4형식　6. 주어구, 3형식
7. 술어구, 3형식　8. 직접 목적어구, 4형식
9. 목적 보어구, 5형식　10. 목적 보어구, 5형식
11. 목적어구, 3형식　12. 주어구, 5형식
13. 술어구, 3형식　14. 주어구, 4형식
15. 직접 목적어구, 4형식

1. look for는 '~을 찾다'라는 뜻으로 목적어가 필요한 술어구이므로 이 문장은 목적어 his cat이 있는 3형식이다.
4. after dinner는 수식어구로 문장 형식에 아무런 영향을 주지 않으므로 이 문장은 주어 He, 동사 plays, 목적어 games로 이루어진 3형식 문장이다.
7. wait for는 '~을 기다리다'라는 뜻으로 목적어가 필요한 술어구이므로 이 문장은 목적어 the subway가 있는 3형식이다.
8. 동사 makes 뒤에 있는 목적어 me가 '나에게'로 해석되며, a pumpkin pie가 '호박 파이를'로 해석되므로 간접 목적어와 직접 목적어구가 있는 4형식이다.
9. a writer는 목적어 him을 보충 설명하는 목적 보어구이므로 이 문장은 5형식이다.
10. sing and dance는 동사 두 개가 연결된 구로, 목적어 her를 보충 설명하고 있으므로 목적 보어구가 된다.
11. a blue gate는 동사 has의 대상인 목적어구이므로 3형식 문장이다.

13. takes care of는 목적어 her baby를 필요로 하는 술어구로, 이 문장은 3형식이다.
　어휘　take good care of ~을 잘 돌보다

시험에는 이렇게 나온다

1. 케이트는 그에게 멋진 장난감을 사 준다. 직접 목적어구
2. 그 뉴스는 그녀를 슬프게 만든다. 주어구
3. 너는 너의 돈을 어떻게 쓰니? 목적어구
4. 그녀는 나와 내 여동생에게 치마를 준다. 간접 목적어구
5. 그는 점심을 먹고 나서 메리를 만난다. 수식어구
6. Tom makes me very happy.
7. The girl writes him a fan letter.
8. We see the boys play basketball.
9. She shows me her new pet.　10. ⑤

1. 이 문장은 목적어가 두 개인 4형식 문장으로 a nice toy는 '멋진 장난감을'로 해석되는 직접 목적어구이다.
2. The news는 술어 makes의 주체가 되는 주어구이다.
3. your money는 동사 spend의 대상이 되므로 목적어구이다.
　어휘　spend 쓰다, 낭비하다
4. 이 문장은 목적어가 두 개인 4형식 문장으로 me and my sister는 '나와 내 여동생에게'로 해석되는 간접 목적어구이다.
5. after lunch는 술어 meets를 꾸며 주는 수식어구이다.
10. ① 나를 위해 그 책을 읽어 줄래? ② 그는 돈을 좀 저축한다. ③ 나는 양치한다. ④ 너는 숙제를 언제 하니? ⑤ 그녀는 그녀의 친구를 위해 생일 케이크를 산다.
　①, ②, ③, ④번은 모두 목적어구이지만, ⑤번 문장에서 for her friend는 수식어구이다.
　어휘　save 절약하다 brush one's teeth 양치하다

1. My uncle works in a museum. 1형식
       S   V

2. Trees give us many things. 4형식
    S   V   IO   DO

3. She sees her son read a book. 5형식
    S   V   O   OC

4. His favorite subject is English. 2형식
         S   V   C

5. He sends his teacher a letter. 4형식
   S   V   IO   DO

6. Homework is helpful to me. 2형식
     S   V   C

7. Jill tells his friends jokes. 4형식
    S   V   IO   DO

8. There are many books about sea animals. 1형식
       V   S

9. Sam meets his friends, John and Mina. 3
   형식
       S   V   O

10. My aunt is a P.E. teacher at a middle
    school. 2형식
       S   V   C

11. 형용사, 2형식   **12.** 부사, 1형식   **13.** 감탄사, 2형식
14. 명사, 1형식   **15.** 전치사, 1형식   **16.** 형용사, 2형식
17. are, 1형식   **18.** wakes 1형식   **19.** see, 5형식
20. have, 3형식   **21.** is, 2형식   **22.** makes, 5형식
23. read, 3형식   **24.** They run fast in the park. 1형식
25. You need a sketchbook now. 3형식
26. London is a city in England. 2형식
27. We teach old people swimming. 4형식
28. She hears her daughter play the flute. 5형식
29. ④   **30.** ④

1. in a museum은 문장 형식에 아무런 영향을 주지 않는 수식어 이므로 이 문장은 주어 My uncle과 동사 works로 이루어진 1 형식이다.

2. 이 문장은 간접 목적어 us와 직접 목적어 many things가 있는 4형식 문장이다.

3. 목적어 her son과 목적어를 보충 설명하는 목적 보어 read a book이 있는 5형식 문장이다.

4. 주어 His favorite subject를 설명하는 보어 English가 있으므 로 2형식 문장이다.

5. 이 문장은 간접 목적어 his teacher와 직접 목적어 a letter가 있는 4형식 문장이다.

6. 주어 Homework를 설명하는 보어 helpful이 있으므로 2형식 문장이다. to me는 수식어이다.

7. 이 문장은 간접 목적어 his friends와 직접 목적어 jokes가 있는 4형식 문장이다.

8. 'There are~' 구문으로, 동사 are와 주어 many books로 이루 어진 1형식 문장이다. about sea animals는 수식어이다.

9. 동사 meets의 대상인 목적어 his friends, John and Mina가 있으므로 3형식이다.

10. 주어 My aunt를 보충 설명하는 a P.E. teacher가 있으므로 2 형식 문장이다. at a middle school은 수식어이다.

11. fun은 형용사이자 주어 That을 보충 설명하는 보어이므로 이 문장은 2형식이다.

12. really는 동사 hurts를 꾸며 주는 부사이다. 이 문장에서 really 와 now는 수식어이므로 주어와 동사로 이루어진 1형식 문장 이다.

13. Oh는 감정을 표현하는 감탄사이다. 이 문장은 보어 too small 이 있는 2형식이다.

14. family는 사람이나 사물의 이름을 나타내는 명사이다. 이 문장 에서 to the beach with my family는 수식어이므로 1형식 문 장이다.

15. in은 장소를 나타내는 전치사이다. in Africa는 수식어이므로 이 문장은 1형식 문장이다.

16. favorite은 명사 place를 꾸며 주는 형용사이다. 이 문장은 보 어 the library가 있는 2형식이다.

17. be동사가 '~이 있다'로 해석되면 1형식이다.

18. at 8 o'clock은 수식어이므로 주어 My brother와 동사 wakes up으로 이루어진 1형식 문장이다.

19. 동사 see의 대상인 목적어 Dave와 목적어를 보충 설명하는 목 적 보어 jump rope가 있으므로 5형식이다.

어휘   jump rope 줄넘기를 하다

20. 동사 have의 대상인 목적어 an English dictionary가 있으므 로 3형식 문장이다.

21. 주어 That woman을 보충 설명하는 보어 a great scientist 가 있으므로 2형식 문장이다.

22. 목적어 my family를 보충 설명하는 목적 보어 happy가 있으 므로 5형식 문장이다.

23. 동사 read의 대상인 목적어 books가 있으므로 3형식이다. to children in hospitals는 수식어.

29. ① 메리는 좋은 목소리를 가지고 있다. ② 엄마는 쇼핑을 위해 천 가방을 사용한다. ③ 그는 매일 학교에 자전거를 타고 간다. ④ 그들은 그들의 친구들과 이야기한다. ⑤ 너는 과학과 관련된 영화를 좋아하니?

①, ②, ③, ⑤번은 모두 3형식이지만 ④번 문장에서 with their friends는 수식어구이므로 이 문장은 주어와 동사로 이루어진 1형식이다.

어휘 cloth bag 천 가방

30. ① 에펠탑은 프랑스에 있다. ② 이 빌딩에 수영장이 있니? ③ 우리 선생님은 내 옆에 서 있다. ④ 저 롤러코스터는 무섭다. ⑤ 나는 부모님과 두 형제와 대구에 산다.

①, ②, ③, ⑤번 문장에서 in France, in this building, next to me, in Daegu with my parents and two brothers는 수식어이므로 모두 1형식 문장이지만 ④번 문장은 주어 That roller coaster를 보충 설명하는 보어 scary가 있으므로 2형식이다.

어휘 The Eiffel Tower 에펠탑 next to ~옆에 roller coaster 롤러 코스터 scary 무서운

07과 긍정·부정·긍정 의문·부정 의문 33쪽

문법 훈련 01

1. is **2.** aren't **3.** Do **4.** Does **5.** Isn't **6.** Is
7. Doesn't **8.** Are **9.** is **10.** isn't **11.** Isn't **12.** am not

1. 주어 She가 3인칭 단수이므로 is를 쓴다.
2. 주어 They가 3인칭 복수이므로 aren't를 쓴다.
3. 주어 you가 2인칭 단수이므로 Do를 쓴다.
   ※ 본문 해석에는 you를 단수로만 해석했지만, you는 '너는, 너희들은'이라는 뜻으로 단수와 복수 둘 다 쓰인다. 복수일 때도 동사는 같다.
4. 주어 he가 3인칭 단수이므로 Does를 쓴다.
5. 주어 she가 3인칭 단수이므로 Isn't를 쓴다.
6. 주어 Mr. Smith가 3인칭 단수이므로 Is를 쓴다.
7. 주어 Jack이 3인칭 단수이므로 Doesn't를 쓴다.
8. 주어 you가 2인칭 단수이므로 Are를 쓴다.
9. 여기서 주어는 That man이고 under the tree는 주어를 꾸며주는 수식어이다. 주어가 3인칭 단수이므로 is를 쓴다.
10. 주어 The window가 3인칭 단수이므로 isn't를 쓴다.
11. 주어 it이 3인칭 단수이므로 Isn't를 쓴다.
12. 주어 I가 1인칭 단수이므로 am not을 쓴다.

문법 훈련 02

1. Isn't this book boring?
2. Are Sam and Jill from America?
3. Are your teachers kind to you?
4. Isn't your cat under the desk?
5. They aren't basketball players.
6. The man is your cousin.
7. Doesn't she eat vegetables a lot?
8. Does he play chess every day?
9. Does Andy go to bed late?
10. Mark doesn't drink milk every morning.

1~6. be동사와 not의 축약형은 aren't, isn't로 쓰며, be동사의 의문문은 『Be동사+주어』의 형태로 쓴다.
7~10. 일반동사의 부정문은 『주어+don't+동사원형』의 형태로 쓰는데, 주어가 3인칭 단수일 때는 don't 대신 doesn't를 쓴다. 그리고 일반동사의 의문문은 『Do+주어+동사원형』의 형태로 쓰며, 주어가 3인칭 단수일 때는 Do 대신 Does를 쓴다.

시험에는 이렇게 나온다

1. Do you 2. Is it 3. Does she 4. Are you
5. Do they 6. My father is an engineer.
7. Are you busy now? 8. She doesn't have breakfast.
9. Do you know his name? 10. ⑤

1. 너는 초콜릿을 좋아하니?
   대답이 No, I don't.이므로 의문문에서는 동사 Do와 주어 you가 필요하다.
2. 비가 오니?
   대답 Yes, it is.에서 it은 날씨를 나타내는 비인칭 주어이므로 의문문에서 동사 Is와 주어 it이 필요하다.
3. 대답이 No, she doesn't.이므로, 의문문에서 동사 Does와 주어 she가 필요하다.
4. 대답이 Yes, I am.이므로, 의문문에서 be동사 Are와 주어 you가 필요하다.
5. 대답이 Yes, they do.이므로, 의문문에서 동사 Do와 주어 they가 필요하다.
   어휘 play the drums 드럼을 연주하다
10. ① 그는 영어를 공부하지 않는다. ② 메리는 아이스크림을 좋아하지 않니? ③ 그들은 중학생들이니? ④ 너는 오늘 수영하러 가니? ⑤ 그 문제들은 쉽지 않다.
   ⑤번 문장에서 주어 The problems가 3인칭 복수이므로 be동사의 부정형을 isn't가 아니라 aren't로 써야 한다.

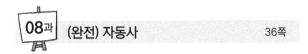
문법 훈련 01

1. go 2. live 3. sleep 4. sit 5. stand 6. walk
7. run 8. are 9. are

1~7. go, live, sleep, sit, stand, walk, run은 혼자서도 일을 잘
하는 완전 자동사로, 1형식 문장에 나오는 대표적인 동사들이다.
이러한 완전 자동사가 나오면 나머지 구는 모두 수식어들이다.

8. be동사가 '~이 있다'라고 해석되면 1형식 문장이 된다. 여기서
주어 Kate and Jill은 3인칭 복수이므로 be동사는 are를 쓴다.

9. 『There is/are~』 구문에서 주어는 be동사 뒤에 나오므로
some students가 주어가 된다. 주어가 복수이므로 be동사는
are를 쓴다.

문법 훈련 02

1. My friend comes from Italy. 내 친구는 이탈리아 출신이다.
2. The leaves fall in autumn. 나뭇잎들은 가을에 떨어진다.
3. A church stands on the hill. 교회가 언덕 위에 서 있다.
4. Tim stays at the hotel all day long. 팀은 하루 종일 호텔
에 머무른다.
5. There are many kinds of pets in the world. 세상에는 많
은 종류의 애완동물이 있다.
6. They talk about the weather. 그들은 날씨에 대해 이야기한
다.

1~6. come, fall, stand, stay, talk은 대표적인 완전 자동사들이
다.

문법 훈련 03

1. go 2. laughs 3. appear 4. lives 5. is 6. stay

1~6. go, laugh, appear, live, stay는 대표적인 완전 자동사들
이다.
　어휘 laugh 웃다 appear 나타나다

시험에는 이렇게 나온다

1. come 2. works 3. rise 4. happened 5. arrived
6. My cat always sleeps on my bed.
7. There isn't any clock in the room.
8. We go to church every Sunday.
9. My aunt lives in Paris. 10. ⑤

1~5. come, work, rise, happen, arrive는 대표적인 완전 자동
사들이다.

1. 톰은 집에 일찍 돌아올 것이다.

2. 그녀의 아버지는 보통 늦게까지 일한다.
　어휘 until late 늦게까지

3. 태양이 6시에 떠오르니?

4. 오늘 끔찍한 사고가 일어났다.
　어휘 terrible 끔찍한 accident 사고 happen 일어나다

5. 우리 삼촌은 공항에 도착했다.

10. ① 이 펜은 1,500원이다. ② 그 소녀들은 빗속을 걷는다. ③ 그
는 저녁에 그의 친구와 조깅한다. ④ 그 박물관에는 유명한 그
림들이 있다. ⑤ 운동장에 있는 저 소년은 내 조카이다.
cost, walk, jog, are는 완전 자동사인 반면, ⑤번 문장에서
my nephew는 주어 That boy를 설명하는 보어이며, is는 '~
이다'로 해석되는 불완전 자동사이다.
　어휘 cost (값, 비용이) 들다 jog 조깅하다 painting 그림
playground 운동장, 놀이터 nephew 조카(아들)

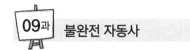

문법 훈련 01

1. look nervous 2. smell sweet 3. tastes salty
4. looks sad 5. seem happy 6. sounds good

1~6. look, smell, taste, seem, sound는 '느껴지다' 동사류로, 상태의 느낌을 나타내는 불완전 자동사이다. 이러한 동사들 뒤에는 보어로 형용사가 온다. 부사는 보어로 올 수 없다.

문법 훈련 02

1. They get bored. 그들은 지루해진다.
2. It sounds exciting. 그것은 재미있게 들려.
3. Ann became a good lawyer. 앤은 좋은 변호사가 되었다.
4. The leaves turn red and yellow in autumn. 나뭇잎들은 가을에 빨갛고 노랗게 변한다.
5. They are elementary school students. 그들은 초등학생들이다.
6. My guitar is important to me. 내 기타는 나에게 중요하다.
7. His hobby is computer games. 그의 취미는 컴퓨터 게임이다.

1~4. get, sound, become, turn은 보어가 필요한 대표적인 불완전 자동사들이다. 이러한 동사들 다음에는 보어로 형용사나 명사가 온다.

5~7. be동사가 '~이다'로 해석되면 불완전 자동사로 be동사 다음에 보어가 온다.

문법 훈련 03

1. good 2. sweet 3. strange 4. messy
5. delicious 6. happy

1~6. '느껴지다' 동사류인 feel, smell, sound, look, taste 뒤에는 보어로 형용사가 와야 한다. 우리말로 부사(~하게)처럼 해석되더라도 부사는 보어로 올 수 없다.

시험에는 이렇게 나온다

1. is 2. smell 3. looks 4. growing 5. become
6. My teacher gets angry. 7. Your idea sounds great.
8. That man is a brave firefighter.
9. The eggs smell bad. 10. ③

1. 영어는 그렇게 어렵지 않다.
2. 그 꽃들은 좋은 냄새가 난다.
3. 그 코미디언은 우스워 보인다.
   어휘 comedian 코미디언 funny 웃긴
4. 사람들은 점점 늙어 간다.
5. 그들은 유명한 가수가 된다.
   어휘 famous 유명한
10. ① 앤디는 강한 추위를 느낀다. ② 그녀는 위대한 예술가가 될 것이다. ③ 너는 오늘 달라 보인다. ④ 그의 얼굴은 창백해진다. ⑤ 나는 밤에 배고파진다.
    look 다음에는 보어로 형용사가 와야 하므로 부사 differently가 아닌 형용사 different를 써야 한다.
    어휘 artist 예술가 differently 다르게 pale 창백한

10과 (완전) 타동사 42쪽

문법 훈련 01

1. meets 2. reads 3. teaches 4. see 5. makes
6. learn 7. eats 8. know

1~8. meet, read, teach, see, make, learn, eat, know는 대표적인 타동사들이다.
주어가 3인칭 단수일 때는 동사원형에 -(e)s를 붙인다.

문법 훈련 02

1. have 2. needs 3. has 4. like 5. sing 6. teaches

1. '여자친구가 있다'라는 표현은 타동사 have를 이용해 have a girlfriend로 쓴다.
2. '필요로 하다'라는 뜻을 가진 타동사는 need이다. 주어 Sam은 3인칭 단수이므로 needs를 쓴다.
3. 주어 Amy는 3인칭 단수이므로 '가지다'라는 뜻의 have 대신 has를 쓴다.
4. 일반동사의 의문문에서는 주어 다음에 동사원형이 오므로 '좋아하다'라는 뜻을 가진 like를 쓴다.
   어휘 comic books 만화책
5. '부르다'라는 뜻을 가진 타동사 sing을 쓴다.
   어휘 on the stage 무대에서
6. 주어 Ann은 3인칭 단수이므로 '가르치다'라는 뜻을 가진 타동사 teaches를 쓴다.
   어휘 Korean history 한국 역사 easily 쉽게

문법 훈련 03

1. 자동사, 1형식 2. 타동사, 3형식 3. 자동사, 2형식
4. 자동사, 1형식 5. 타동사, 3형식 6. 타동사, 3형식
7. 타동사, 3형식 8. 자동사, 1형식

1~8. 1형식과 2형식 동사는 자동사이고 3형식 동사는 타동사이다.
1. at 9 o'clock은 수식어로 문장 성분에 아무 영향을 주지 않으므로 주어 School과 동사 begins로 이루어진 1형식 문장이다. 동사 begins는 (완전) 자동사이다.
2. 동사 meets의 대상인 목적어 Mary가 있으므로 3형식 문장이며 meets는 타동사이다. at the theater는 수식어이다.
3. very cute은 주어 The puppy를 보충 설명하는 보어이므로 2형식이고 looks는 (불완전) 자동사이다.
4. in London은 수식어이므로 주어 My friend, Ann과 동사 lives로 이루어진 1형식 문장이며 동사 lives는 완전 자동사이다.
5. 동사 tell의 대상인 목적어 lies가 있으므로 3형식 문장이며 동사 tell은 타동사이다. often은 동사 tell을 꾸며 주는 수식어이다.
6. leave는 '~을 두고 오다'라는 뜻으로, 대상인 목적어 her book이 있는 타동사이다. on the shelf는 수식어이다.
7. grows는 '~을 재배하다'라는 뜻으로, 대상인 목적어 vegetables가 있는 타동사이다.
8. at 4 p.m.은 수식어이므로 이 문장은 주어 The bank와 동사 closes로 이루어진 1형식 문장이며 부사 always는 동사 closes를 꾸며 주는 수식어이다.

시험에는 이렇게 나온다

1. 타동사, 3형식 2. 불완전 자동사, 2형식 3. 타동사, 3형식
4. 완전 자동사, 1형식 5. 타동사, 3형식
6. We eat fast food for lunch every day.
7. She buys some snacks at the store.
8. Jenny teaches science at a middle school.
9. My sister and I need a new bed. 10. ①

1. 케빈은 그의 우산을 가져간다.
   이 문장은 술어 takes의 대상인 목적어 his umbrella가 있는 3형식이다. 3형식 동사는 타동사이다.
2. 그가 가장 좋아하는 음식은 생선이다.
   이 문장은 주어 His favorite food를 보충 설명하는 보어 fish가 있는 2형식이다. 2형식 동사는 불완전 자동사이다.
3. 나는 내 휴대폰으로 인터넷을 사용한다.
   이 문장은 술어 use의 대상인 목적어 the Internet이 있는 3형식이다. on my cellphone은 수식어. 3형식 동사는 타동사이다.
   어휘 Internet 인터넷 cellphone 휴대폰
4. 그들은 야구장에 간다.
   이 문장에서 to the ball park는 수식어이므로 문장 형식에 아무런 영향도 주지 않으므로 이 문장은 주어 They와 술어 go로 이루어진 1형식이다. 1형식 동사는 완전 자동사이다.
   어휘 ball park 야구장
5. 우리 엄마는 내년에 요가를 배울 것이다.
   이 문장은 술어 learn의 대상인 목적어 yoga가 있는 3형식이다. next year는 수식어. 3형식 동사는 타동사이다.
10. ① 그 일식은 좋은 맛이 난다. ② 우리는 일주일에 세 번 영어가 있다. ③ 그 학생들은 그것에 대한 그들의 의견을 제시한다. ④ 그는 침실에서 안경을 찾는다. ⑤ 마크는 매일 그의 책을 가져오지 않는다.
   ②, ③, ④, ⑤번 문장에 있는 동사들은 모두 목적어가 있는 타동사이지만 ①번 문장은 주어 The Japanese food를 설명하

는 보어 good이 있으므로 술어 tastes는 불완전 자동사이다.

어휘 Japanese food 일식 three times a week 일주일에 세 번 show 제시하다 opinion 의견 glasses 안경

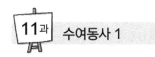
11과 수여동사 1
45쪽

문법 훈련 01

1. show 2. send 3. makes 4. lends 5. gives
6. makes 7. buys 8. cooks 9. asks 10. teaches

1. 『show+간목+직목』: ~에게 ~을(를) 보여 주다
2. 『send+간목+직목』: ~에게 ~을(를) 보내 주다
3. 『make+간목+직목』: '~에게 ~을(를) 만들어 주다'의 뜻이다. 주어 She가 3인칭 단수 현재이므로 동사에 s를 붙여 makes로 쓴다.
4. 『lend+간목+직목』: '~에게 ~을(를) 빌려주다'의 뜻이다. 주어 Jim이 3인칭 단수 현재이므로 동사에 s를 붙여 lends로 쓴다.
5. 『give+간목+직목』: '~에게 ~을(를) 주다'의 뜻이다. 주어 Tim이 3인칭 단수 현재이므로 동사에 s를 붙여 gives로 쓴다.

   어휘 give advice 조언하다
6. 『make+간목+직목』: '~에게 ~을(를) 만들어 주다'의 뜻이다. 주어 Nancy가 3인칭 단수 현재이므로 동사에 s를 붙여 makes로 쓴다.
7. 『buy+간목+직목』: '~에게 ~을(를) 사 주다'의 뜻이다. 주어 He가 3인칭 단수 현재이므로 동사에 s를 붙여 buys로 쓴다.
8. 『cook+간목+직목』: '~에게 ~을(를) 요리해 주다'의 뜻이다. 주어 My mom이 3인칭 단수 현재이므로 동사에 s를 붙여 cooks로 쓴다.
9. 『ask+간목+직목』: '~에게 질문을 하다'의 뜻이다. 주어 Mr. Brown이 3인칭 단수 현재이므로 동사에 s를 붙여 asks로 쓴다. aks는 '부탁(요청)하다'의 뜻으로 쓰이기도 한다.
10. 『teach+간목+직목』: '~에게 ~을(를) 가르쳐 주다'의 뜻이다. 주어 Your sister가 3인칭 단수 현재이므로 동사에 es를 붙여 teaches로 쓴다.

문법 훈련 02

1. 수여동사, 4형식 2. 수여동사, 4형식 3. 수여동사, 4형식
4. 수여동사, 4형식 5. 불완전 자동사, 2형식 6. 타동사, 3형식

1~4. send, ask, lend, buy는 '~에게 ~을 하다'라는 뜻의 대표적인 수여동사로, 이 동사가 있는 문장들은 간접 목적어(~에게)와 직접 목적어(~을)가 있는 4형식이다. 4형식 동사는 수여동사이다.
5. 이 문장은 주어 This picture를 보충 설명하는 보어 beautiful이 있는 2형식이다. 2형식 동사는 불완전 자동사이다.
6. 동사 write의 대상인 목적어 a famous novel이 있으므로 이 문장은 3형식이다. 3형식 동사는 타동사이다.

문법 훈련 03

1. sends 2. gives 3. asks 4. teaches 5. tell 6. cooks

1. 『send+간목+직목』: '~에게 ~을(를) 보내 주다'의 뜻이다. 주어 Sam이 3인칭 단수 현재이므로 동사에 s를 붙여 sends로 쓴다.
2. 『give+간목+직목』: '~에게 ~을(를) 주다'의 뜻이다. 주어 My teacher가 3인칭 단수 현재이므로 동사에 s를 붙여 gives로 쓴다.
3. 『ask+간목+직목』: '~에게 질문을 하다'의 뜻이다. 주어 Tony가 3인칭 단수 현재이므로 동사에 s를 붙여 asks로 쓴다.
4. 『teach+간목+직목』: '~에게 ~을(를) 가르쳐 주다'의 뜻이다. 주어 My father가 3인칭 단수 현재이므로 동사에 es를 붙여 teaches로 쓴다.
5. 『tell+간목+직목』: ~에게 ~을(를) 말해 주다
6. 『cook+간목+직목』: '~에게 ~을(를) 요리해 주다'의 뜻이다. 주어 She가 3인칭 단수 현재이므로 동사에 s를 붙여 cooks로 쓴다.

시험에는 이렇게 나온다

1. He gets me the concert ticket.
2. We give them ice-cream.
3. My father lends her his car.
4. May I ask you a question?
5. My friend asks me a favor.
6. He tells her the password.
7. You find him his watch.
8. She brings them some blankets.
9. Jenny shows him her diary.   10. ⑤

1. 그는 나에게 그 콘서트 티켓을 가져다 준다.
   4형식 문장의 형식은 『주어+수여동사+간접 목적어+직접 목적어』이므로 간접 목적어인 me가 직접 목적어인 the concert ticket보다 먼저 나와야 한다.
2. 우리는 그들에게 아이스크림을 준다.
   간접 목적어는 목적격으로 써야 하므로 their가 아닌 them을 써야 한다.
3. 우리 아버지는 그의 차를 그녀에게 빌려준다.
   4형식 문장의 형식은 『주어+수여동사+간접 목적어+직접 목적어』이므로 간접 목적어인 her가 직접 목적어인 his car보다 먼저 나와야 한다.
4. 당신에게 질문해도 될까요?
   4형식 문장의 형식은 『주어+수여동사+간접 목적어+직접 목적어』이므로 간접 목적어인 you가 직접 목적어인 a question보다 먼저 나와야 한다.
10. ① 그는 그의 조카(딸)에게 햄버거를 사 준다. ② 박 씨는 그에게 따뜻한 미소를 준다. ③ 기차역까지 가는 길을 알려 주시겠어요? ④ 톰은 그녀에게 물을 좀 가져다준다. ⑤ 나는 책상에서 내 휴대폰을 찾는다.
   ①, ②, ③, ④번은 목적어를 두 개씩 가지고 있는 수여동사이지만 ⑤번 find는 my cellphone이라는 목적어 하나를 가지고 있는 타동사이다.

   어휘 niece 조카(딸) a warm smile 따뜻한 미소

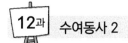

12과   수여동사 2   48쪽

문법 훈련 01

1. She brings a hat to him.
2. Sumi writes a postcard to her friend.
3. My father cooks spaghetti for us.
4. He asks a difficult question of me.
5. I make orange juice for my cousin.
6. She shows her family picture to Jim.
7. Dave buys delicious dinner for her.

1, 2, 6. bring, write, show는 4형식 문장을 3형식으로 바꿀 때 전치사 to가 필요하다.
3, 5, 7. cook, make, buy는 4형식 문장을 3형식으로 바꿀 때 전치사 for가 필요하다.
4. ask는 4형식 문장을 3형식으로 바꿀 때 전치사 of가 필요하다.

문법 훈련 02

1. She asks me a favor.   2. She tells Alex the secret.
3. Tim lends his friend his laptop.
4. Nancy gives her sister the doll.
5. They buy their daughter a piano.
6. She makes her children some bread.

1~6. 수여동사가 있는 4형식 문장에서 간접 목적어를 직접 목적어 뒤로 보낼 때는, 전치사를 사용해 3형식 문장을 만든다. 반면, 3형식 문장을 4형식으로 만들 때는 문장 뒤에 있는 『전치사+목적격』에서 전치사를 빼고 목적격만 직접 목적어 앞에 놓는다.
   3형식: S+V+O+수식어구(전치사+목적격) → 4형식: S+V+IO+DO
1. 3형식 문장의 수식어인 of me에서 전치사 of를 빼고 me(나에게)를 직접 목적어인 a favor(부탁을) 앞에 놓아 4형식 문장으로 만든다.
2. 3형식 문장의 수식어인 to Alex에서 전치사 to를 빼고 Alex(알렉스에게)를 직접 목적어인 the secret(그 비밀을) 앞에 놓아 4형식 문장으로 만든다.
3. 3형식 문장의 수식어인 to his friend에서 전치사 to를 빼고 his friend(그의 친구에게)를 직접 목적어인 his laptop(그의 노트북을) 앞에 놓아 4형식 문장으로 만든다.
4. 3형식 문장의 수식어인 to her sister에서 전치사 to를 빼고 her sister(그녀의 여동생에게)를 직접 목적어인 the doll(그 인형을) 앞에 놓아 4형식 문장으로 만든다.
5. 3형식 문장의 수식어인 for their daughter에서 전치사 for를

빼고 their daughter(그들의 딸에게)를 직접 목적어인 a piano(피아노를) 앞에 놓아 4형식 문장으로 만든다.

6. 3형식 문장의 수식어인 for her children에서 전치사 for를 빼고 her children(그녀의 아이들에게)를 직접 목적어인 some bread(빵을) 앞에 놓아 4형식 문장으로 만든다.

문법 훈련 03

1. lends her 2. to him 3. tells me 4. sends us
5. for me 6. gives them 7. for John

2. 동사 bring은 4형식 문장을 3형식으로 바꿀 때 전치사 to가 필요하므로, to him으로 쓴다.

5. 동사 buy는 4형식 문장을 3형식으로 바꿀 때 전치사 for가 필요하므로, for me로 쓴다.

7. 동사 find는 4형식 문장을 3형식으로 바꿀 때 전치사 for가 필요하므로, for John으로 쓴다.

시험에는 이렇게 나온다

1. He gives a lot of homework to us.
2. Mark sometimes buys lunch for her.
3. My grandma makes hanbok for me.
4. She tells him good news.
5. They cook chicken soup for sick people.
6. He lends her his bike.
7. Tim sends roses to his girlfriend.
8. She makes us cheese sandwiches.
9. Mr. Brown teaches music to my son. 10. ④

1. 그는 우리에게 많은 숙제를 내 준다.
   수여동사 gives가 있으므로 전치사는 to를 쓴다.
2. 마크는 가끔 그녀에게 점심을 사 준다.
   수여동사 buys가 있으므로 전치사는 for를 쓴다.
3. 나의 할머니는 나에게 한복을 만들어 준다.
   수여동사 makes가 있으므로 전치사는 for를 쓴다.
4. 그녀는 그에게 좋은 뉴스를 말해 준다.
   4형식 문장에서 간접 목적어는 목적격으로 써야 하므로 his 대신에 him을 쓴다.
5. 그들은 아픈 사람들에게 치킨 수프를 요리해 준다.
   수여동사 cook이 있으므로 전치사는 for를 쓴다.
   어휘 chicken soup 치킨 수프 sick people 아픈 사람들
10. ① 그는 자주 그의 친구들에게 도움을 요청한다. ② 우리 삼촌은 나에게 새로운 신발을 사 준다. ③ 저 남자는 우리에게 중국어를 가르친다. ④ 그녀는 그녀의 아이에게 팬케이크를 만들어 준다. ⑤ 그 숙제는 나에게 스트레스를 준다.

①, ②, ③, ⑤번 문장은 뒤에 각각 『전치사+목적격』 형태인 of his friends, for me, to us, to me가 있으므로 3형식이지만, ④번은 『주어+수여동사+간접 목적어+직접 목적어』 형태이므로 4형식이다.

어휘 ask a favor 도움을 요청하다, 부탁하다 pancake 팬케이크 stress 스트레스

13과 불완전 타동사　　51쪽

문법 훈련 01

1. see 2. tells 3. hear 4. allows 5. calls
6. want 7. makes 8. feels

1. 지각동사 see는 '~가 ~하는 것을 보다'라는 의미로 5형식 문장에 쓰이며 목적 보어로 동사원형이 온다.
2. tell은 '~에게 ~을 말하다'라는 의미로 5형식 문장에 쓰이며, 목적 보어로 『to+동사원형』인 to부정사가 온다.
3. 지각동사 hear는 '~가 ~하는 것을 듣다'라는 의미로 5형식 문장에 쓰이며 목적 보어로 동사원형이 온다.
4. allow는 '~에게 ~하는 것을 허락하다'라는 의미로 5형식 문장에 쓰이며, 목적 보어로 『to+동사원형』인 to부정사가 온다.
5. call은 '~을(를) ~로 부르다'라는 의미로 5형식 문장에 쓰이며 목적 보어로 명사나 형용사가 온다.
6. want는 '~가 ~하기를 원하다'라는 의미로 5형식 문장에 쓰이며 목적 보어로 to부정사가 온다.
7. make는 '~을 ~하게 하다(만들다)'라는 의미로 5형식 문장에 쓰이며, 목적 보어로 명사나 형용사가 온다.
8. 지각동사 feel은 '~가 ~하는 것을 느끼다'라는 의미로 5형식 문장에 쓰이며 목적 보어로 동사원형이 온다.

문법 훈련 02

1. 불완전 타동사, 5형식 2. 타동사, 3형식
3. 불완전 타동사, 5형식 4. 불완전 타동사, 5형식
5. 불완전 자동사, 2형식 6. 완전 자동사, 1형식

1~6. 1형식 동사는 완전 자동사, 2형식 동사는 불완전 자동사, 3형식 동사는 타동사, 4형식 동사는 수여동사, 5형식 동사는 불완전

타동사이다.

1. 목적어 Mark를 보충 설명하는 목적 보어 sing a song이 있으므로 5형식이며 동사 hears는 불완전 타동사이다.

2. 동사 watch의 대상인 목적어 the soccer game이 있으므로 3형식이며 watch는 타동사이다.

3. 목적어 her를 보충 설명하는 목적 보어 to read good books가 있으므로 5형식이며 want는 불완전 타동사이다.

4. 목적어 me를 보충 설명하는 목적 보어 carry this table이 있으므로 5형식이며 동사 help는 불완전 타동사이다.

5. 형용사 thirsty는 주어 They를 보충 설명하는 보어이므로 2형식이며 get은 불완전 자동사이다. 부사 soon은 수식어이다.

6. 『There is~』 의문문으로 be동사가 '~이 있다'로 해석되므로 1형식이며 is는 완전 자동사이다. around here는 수식어이다.

문법 훈련 03

1. to go　2. introduce　3. burn　4. take　5. lock　6. to play

1. get은 목적 보어로 to부정사가 오므로, to go를 고른다.

2. 사역동사 let은 목적 보어로 동사원형이 오므로, introduce를 고른다.

3. 지각동사 smell은 목적 보어로 동사원형이 오므로, burn을 고른다.

4. 사역동사 make는 목적 보어로 동사원형이 오므로, take를 고른다.

5. 사역동사 has는 목적 보어로 동사원형이 오므로, lock을 고른다.

6. allow는 목적 보어로 to부정사가 오므로, to play를 고른다.

시험에는 이렇게 나온다

1. She makes him wash the dishes.

2. He hears Tom go out at night.

3. This movie makes me angry.

4. Sally helps her mom clear the table.

5. We see him play with a ball.

6. My brother helps me do my homework.

7. They see stars twinkle in the night sky.

8. She feels someone take a picture of her.

9. Susan has them finish the report today.　10. ③

1. 그녀는 그를 설거지하게 한다(만든다).
   make를 사역동사로 쓸 때는 목적 보어로 동사원형이 오므로, wash를 쓴다.

2. 그는 톰이 밤에 나가는 소리를 듣는다.
   지각동사 hear는 목적 보어로 동사원형이 오므로 go를 쓴다.

3. 이 영화는 나를 화나게 만든다.
   make는 목적 보어로 형용사를 쓰므로 부사 angrily가 아닌 형용사 angry로 쓴다.

4. 샐리는 그녀의 엄마가 상을 치우는 것을 돕는다.
   사역동사 help는 목적 보어로 동사원형이 오므로 clear를 쓴다.
   어휘 clear the table 상을 치우다

5. 우리는 그가 공을 가지고 노는 것을 본다.
   지각동사 see는 목적 보어로 동사원형이 오므로, play를 쓴다.

10. ① 그 시험은 나를 초조하게 만든다. ② 그는 그들을 유명한 밴드로 만든다. ③ 그녀는 그에게 맛있는 요리를 만들어 준다. ④ 제임스는 항상 그녀를 행복하게 만든다. ⑤ 그의 책은 사람들을 슬프게 만든다.
   ①, ②, ④, ⑤번 문장은 목적 보어가 오는 5형식으로 술어 make가 불완전 타동사이지만, ③번은 『주어+수여동사+간접 목적어+직접 목적어』 형태로 make가 수여동사로 쓰였다.
   어휘 dish 요리

문법 훈련 01

1. 완전 자동사, 1형식 2. 불완전 자동사, 2형식
3. 불완전 자동사, 2형식 4. 불완전 타동사, 5형식
5. 수여동사, 4형식 6. 불완전 타동사, 5형식
7. 불완전 타동사, 5형식 8. 불완전 타동사, 5형식
9. 불완전 타동사, 5형식

1. 이 문장에서 next to my house는 수식어로 문장 형식에 아무 런 영향을 주지 못하므로, 이 문장은 주어 Nancy와 동사 lives 로 이루어진 1형식 문장이다. 1형식 문장의 동사 lives는 완전 자동사이다.
2. 이 문장에는 주어 This skirt를 보충 설명하는 보어 nice가 있으므로 2형식 문장이다. 2형식의 동사 looks는 불완전 자동사 이다.
3. 주어 My birthday를 보충 설명하는 보어 March, 3rd가 있으므로 2형식 문장이다. 2형식 동사 is는 불완전 자동사이다.
4. 이 문장에는 목적어 the book을 보충 설명하는 목적 보어 easy 가 있으므로 5형식 문장이다. 5형식 동사 find는 불완전 타동사 이다.
5. 이 문장에는 수여동사 makes가 있고 간접 목적어 us(우리에게) 와 직접 목적어 this salad(이 샐러드를)가 있으므로 4형식 문장이다.
6. 이 문장에는 목적어 him을 보충 설명하는 목적 보어 warm이 있으므로 5형식 문장이다. 5형식 동사 keeps는 불완전 타동사이 다.
7. 이 문장에는 목적어 me를 보충 설명하는 목적 보어 to watch TV가 있으므로 5형식 문장이다. 5형식 동사 allow는 불완전 타 동사이다.
8. 이 문장에는 목적어 their children을 보충 설명하는 목적 보어 to be healthy가 있으므로 5형식 문장이다. 5형식 동사 want는 불완전 타동사이다.
9. 이 문장에는 목적어 her를 보충 설명하는 목적 보어 to come to the party가 있으므로 5형식 문장이다. 5형식 동사 asks는 불완전 타동사이다.

문법 훈련 02

1. elected, mayor 2. keep, clean 3. wants, to see
4. asks, to carry 5. call, fool 6. encourage, to study

1. '뽑았다'라는 의미의 5형식 동사 elected를 쓴다. elect는 목

적 보어로 명사나 형용사가 오므로 이 문장에서는 명사 mayor 를 쓴다.
2. '유지하다'라는 의미의 5형식 동사 keep을 쓴다. keep은 목적 보어로 명사나 형용사가 오므로 이 문장에서는 형용사 clean을 쓴다.
3. '원하다'라는 의미의 5형식 동사 want를 쓴다. want는 목적 보 어로 to부정사가 오므로 to see를 쓴다.
4. '부탁(요청)하다'라는 의미의 5형식 동사 ask를 쓴다. ask는 목 적 보어로 to부정사가 오므로 to carry를 쓴다.
5. '부르다'라는 의미의 5형식 동사 call을 쓴다. call은 목적 보어 로 명사나 형용사가 오므로 이 문장에서는 명사 fool을 쓴다.
6. '격려하다'라는 의미의 5형식 동사 encourage를 쓴다. encourage 는 목적 보어로 to부정사가 오므로 to study를 쓴다.

문법 훈련 03

1. sad 2. safe 3. to do 4. to help 5. draw
6. to visit 7. to go 8. to leave

1. make는 목적 보어로 명사나 형용사가 오므로 형용사 sad를 쓴다.
2. keep은 목적 보어로 명사나 형용사가 오므로 형용사 safe를 쓴다.
3. get은 목적 보어로 to부정사가 오므로 to do를 쓴다.
4. encourage는 목적 보어로 to부정사가 오므로 to help를 쓴다.
5. 사역동사 let은 목적 보어로 동사원형이 오므로 draw를 쓴다.
6. want는 목적 보어로 to부정사가 오므로 to visit를 쓴다.
7. allow는 목적 보어로 to부정사가 오므로 to go를 쓴다.
8. tell은 목적 보어로 to부정사가 오므로 to leave를 쓴다.

시험에는 이렇게 나온다

1. It keeps him busy. 2. She wants us to stay home.
3. The painting makes him famous.
4. My parents want me to be strong.
5. He asks her to dance with him.
6. She calls him 'Big Boy'.
7. They want me to be diligent.
8. This jacket will keep you warm.
9. The movie makes her a movie star. 10. ⑤

1. 그것은 그를 바쁘게 유지한다.
   keep은 목적 보어로 형용사가 오므로 형용사 busy를 쓴다.
2. 그녀는 우리가 집에 머물기를 원한다.
   want는 목적 보어로 to부정사가 오므로 to stay를 쓴다.
3. 그 그림은 그를 유명하게 만든다.
   make가 5형식 동사로 쓰일 경우, 목적 보어로 형용사나 명사를

취하므로 형용사 famous를 쓴다.

4. 우리 부모님은 내가 강하길 원한다.

　　want는 목적 보어로 to부정사가 오는데, to부정사는 『to+동사원형』이므로 to be strong을 쓴다.

5. 그는 그녀에게 그와 함께 춤추기를 부탁한다.

　　ask는 목적 보어로 to부정사가 오므로 to dance를 쓴다.

10. ① 그들은 그녀를 거짓말쟁이라고 불렀다. ② 나는 그 문이 열린 것을 발견한다. ③ 비는 어떤 사람들을 슬프게 만든다. ④ 그녀는 내가 매일 수학 문제를 풀기를 원한다. ⑤ 그의 엄마는 그에게 컴퓨터를 사 준다.

　　①, ②, ③, ④번 문장은 목적 보어가 오는 5형식이지만, ⑤번은 『주어(His mom)+수여동사(buys)+간접 목적어(him)+직접 목적어(a computer)』 형태의 4형식이다.

　　어휘 liar 거짓말쟁이

1. Jim has <u>a new job</u>.
　　　　　　　O　　　　　　　　타동사, 3형식

2. Math is <u>interesting</u>.
　　　　　　C　　　　　　불완전 자동사, 2형식

3. My father makes me <u>a robot</u>.
　　　　　　　　　　　DO　　　　수여동사, 4형식

4. The eggs on the table easily go <u>bad</u>.
　　　　　　　　　　　　　　　　C　불완전 자동사, 2형식

5. They <u>walk</u> along the river after work.
　　　　V　　　　　　　　완전 자동사, 1형식

6. <u>Two students</u> talk to each other loudly.
　　　S　　　　　　　　완전 자동사, 1형식

7. John saw <u>the Pyramids</u> in Egypt last year.
　　　　　　O　　　　　　타동사, 3형식

8. Tony shows <u>her</u> a new camera.
　　　　　　IO　　　　수여동사, 4형식

9. My sister and I <u>are</u> in a movie theater.
　　　　　　　　V　　　　　완전 자동사, 1형식

10. Nancy watches her mom <u>answer the phone</u>.
　　　　　　　　　　　OC　불완전 타동사, 5형식

11. She cooks Italian food for us.

12. Mary will lend him the book soon.

13. He makes you breakfast every morning.

14. They give free computer lessons to old people.

15. Mr. Han teaches swimming to children every Sunday.

16. looks, 불완전 자동사　**17.** have, 타동사

18. teaches, 수여동사　**19.** reads, 타동사

20. help, 불완전 타동사　**21.** watch, 타동사

22. gives, 수여동사　**23.** are, 완전 자동사

24. Let's talk about the problem.

25. The chocolate tastes sweet.

26. Her hair is black and short.

27. Kelly makes you some pizza.

28. I see her feed the cat.　**29.** ⑤　**30.** ④

1~10. 1형식 동사는 완전 자동사, 2형식 동사는 불완전 자동사, 3형식 동사는 타동사, 4형식 동사는 수여동사, 5형식 동사는 불완전 타동사이다.

1. 동사 has의 대상인 목적어 a new job이 있으므로 3형식이고 3형식 동사는 타동사이다.

2. 주어 Math를 설명하는 보어 interesting이 있으므로 2형식이고 동사 is는 불완전 자동사이다.

3. 간접 목적어 me와 직접 목적어 a robot이 있으므로 4형식이고 동사 makes는 수여동사다.

4. 주어 The eggs를 설명하는 보어 bad가 있으므로 2형식이고 동사 go는 불완전 자동사이다. on the table은 The eggs를 꾸며 주는 수식어이다.

5. along the river after work는 수식어로 문장 형식에 아무런 영향을 주지 않으므로 1형식이며 동사 walk는 완전 자동사이다.

6. to each other loudly는 수식어로 문장 형식에 아무런 영향을 주지 않으므로 1형식이며 동사 talk은 완전 자동사이다.

7. 동사 saw의 대상인 목적어 the Pyramids가 있으므로 3형식이고 동사 saw는 타동사이다. in Egypt last year는 수식어이다.

8. 간접 목적어 her와 직접 목적어 a new camera가 있으므로 4형식이고 shows는 수여동사다.

9. be동사 are는 '~에 있다'로 해석되는 완전 자동사로 이 문장은 1형식이다. in a movie theater는 수식어이다.

10. 목적어 her mom을 보충 설명하는 목적 보어 answer the phone이 있으므로 5형식이고 동사 watches는 불완전 타동사이다.

11. 수여동사 cook은 4형식을 3형식으로 바꿀 때 전치사 for가 필요하므로 for us로 쓴다.

12. 4형식은 『주어+동사+직목+간목』의 형태이므로 lend 다음에 him을 쓴다.

13. 4형식은 『주어+동사+직목+간목』의 형태이므로 makes 다음에 you를 쓴다.

14. 수여동사 give는 4형식을 3형식으로 바꿀 때 전치사 to가 필요하므로 to old people로 쓴다.

15. 수여동사 teach는 4형식을 3형식으로 바꿀 때 전치사 to가 필요하므로 to children으로 쓴다.

16. '~해 보인다'의 뜻을 가진 동사 looks를 쓴다. looks 뒤에는 주어 The boy를 보충 설명하는 보어 dirty가 있으므로 이 문장은 2형식이며, looks는 불완전 자동사이다.

17. have a nice weekend는 '멋진 주말을 보내다'라는 표현으로 동사 have를 쓴다. 동사 have의 대상인 목적어 a nice weekend가 있으므로 이 문장은 3형식이며, have는 타동사이다.

18. '~에게 ~을 가르치다'라는 뜻의 수여동사 teaches를 쓴다. teaches 뒤에 her sister와 the drums 두 개의 목적어가 있으므로 이 문장은 4형식이다.

19. '~을 읽다'라는 뜻의 reads를 쓴다. 동사 reads의 대상인 목적어 magazines가 있으므로 이 문장은 3형식이며 reads는 타동사이다. about stars는 수식어.

20. '~가 ~하는 것을 돕다'라는 뜻의 help를 쓴다. 이 문장은 목적어 my mom이 하는 일을 설명하는 목적 보어 recycle paper가 있으므로 5형식이며 help는 불완전 타동사이다.

21. '~을 보다'라는 뜻의 watch를 쓴다. 동사 watch의 대상인 목적어 a TV program이 있으므로 3형식 문장이며 watch는 타동사이다. about wild animals는 수식어.

22. '~에게 ~을 주다'라는 뜻의 수여동사 gives를 쓴다. gives 뒤에 him과 some money 두 개의 목적어가 있으므로 4형식이다. every week는 수식어.

23. be동사가 '~에 있다'로 해석되고, in the newspaper는 수식어이므로 1형식 문장이다.

29. ① 그는 그녀에게 그 비밀을 말하지 않는다. ② 어떤 선수들은 키가 크고 덩치가 크다. ③ 우리는 그 개를 '퍼피'라고 부른다. ④ 너는 판타지 책을 즐기니? ⑤ 나의 애완 고양이는 졸려 보인다.
⑤번 문장의 동사 looks 다음에 보어는 형용사를 써야 하므로 sleep이 아니라 sleepy가 되어야 한다.

어휘 fantasy book 판타지 책

30. ① 제임스는 유명한 요리사가 된다. ② 짐과 톰은 컴퓨터를 잘 하니? ③ 그 치과의사는 나에게 칫솔을 준다. ④ 그는 그 개가 큰 소리로 짖는 것을 듣는다. ⑤ 우리 가족은 저녁을 먹으러 외출한다.
④번 5형식 문장에서 동사 hear는 목적 보어로 동사원형을 취하므로 to bark가 아니라 bark가 되어야 한다.

어휘 chef 요리사 be good at ~을 잘하다 dentist 치과의사 toothbrush 칫솔 bark (개가) 짖다

15과 be동사의 현재와 과거 60쪽

문법 훈련 01

1. was, 2형식 2. is, 2형식 3. are, 2형식 4. was, 2형식
5. is, 2형식 6. was, 1형식 7. are, 1형식 8. was, 2형식

1~8. be동사가 '~이 있다'로 해석되면 1형식이고 '~이다'로 해석되면 2형식이다.

1. 주어 He가 3인칭 단수이고 시제가 과거이므로 was를 쓴다. was는 '~였다'로 해석되므로 2형식이다.
2. 주어 It이 3인칭 단수이고 시제가 현재이므로 is를 쓴다. 여기서 It은 시간을 나타내는 비인칭 주어이며 is가 '~이다'로 해석되므로 2형식이다.
3. 주어 The boys가 3인칭 복수이고 시제가 현재이므로 are를 쓴다. are가 '~이다'로 해석되므로 2형식이다.
4. 주어 She가 3인칭 단수이고 시제가 과거이므로 was를 쓴다. was가 '~였다'로 해석되므로 2형식이다.
5. 주어 His father가 3인칭 단수이고 시제가 현재이므로 is를 쓴다. is가 '~이다'로 해석되므로 2형식이다.
6. 주어 I가 1인칭 단수이고 시제가 과거이므로 was를 쓴다. was는 '~에 있었다'로 해석되므로 1형식이다.
7. 주어 Some students가 3인칭 복수이고 시제가 현재이므로 are를 쓴다. are가 '~이 있다'로 해석되므로 1형식이다.
8. 주어 It이 3인칭 단수이고 시제가 과거이므로 was를 쓴다. 여기서 It은 날씨를 나타내는 비인칭 주어이며 was가 '~였다'로 해석되므로 2형식이다.

문법 훈련 02

1. are 2. is 3. is 4. are 5. were 6. was

1. 주어 My brothers가 3인칭 복수이고 시제가 현재이므로 are를 쓴다.
2. 주어 Tim이 3인칭 단수이고 시제가 현재이므로 is를 쓴다.
3. 주어 She가 3인칭 단수이고 시제가 현재이므로 is를 쓴다.
4. 주어 Susan and I가 3인칭 복수이고 시제가 현재이므로 are를 쓴다.
5. 주어 They가 3인칭 복수이고 시제가 과거이므로 were를 쓴다.
6. 주어 My sister가 3인칭 단수이고 시제가 과거이므로 was를 쓴다.

문법 훈련 03

1. The park was very far. 2. These caps were for you.
3. I'm from Korea. 4. You were hungry after school.
5. They are in the same class.
6. They're new students.
7. My favorite sport was baseball.
8. It was cloudy and cold today.
9. You were angry yesterday. 10. It's already Monday.

1. be동사 is의 과거형은 was이다.
2. 주어 These caps가 3인칭 복수이고 시제가 과거이므로 were를 쓴다.
3. I am의 축약형은 I'm이다.
4. be동사 are의 과거형은 were이다.
5. 주어 They는 3인칭 복수이므로 are를 쓴다.
6. They are의 축약형은 They're이다.
7~8. be동사 is의 과거형은 was이다.
9. 주어 You는 2인칭 단(복)수이므로 were를 쓴다.
10. It is의 축약형은 It's이다.

시험에는 이렇게 나온다

1. Sam and Tom were excited then.
2. What time is it now? 3. I'm glad to meet you.
4. The movie was so sad yesterday.
5. He's in the soccer club. 6. They're from Indonesia.
7. Jim and his brother are handsome.
8. They were in the shopping mall last Sunday.
9. It was rainy yesterday. 10. ④

1. 샘과 톰은 그때 신이 났다.
   주어 Sam and Tom이 3인칭 복수이고 시제가 과거(then)이므로 were를 쓴다.
2. 지금 몇 시니?
   주어 it이 3인칭 단수이고 시제가 현재(now)이므로 is를 쓴다.
3. 나는 너를 만나 기쁘다.
   I am의 축약형은 I'm이다.
4. 어제 그 영화는 너무 슬펐다.
   주어 The movie가 3인칭 단수이고 시제가 과거이므로 was를 쓴다.
5. 그는 축구 동아리에 있다.
   He is의 축약형은 He's이다.

10.

> 그들은 어제 도서관에 있었다.
>
> 낸시는 전에 치과의사였다.
>
> 딸기는 내가 가장 좋아하는 과일이다.

주어 They가 3인칭 복수이고 시제가 과거이므로 were를 쓴다.

주어 Nancy가 3인칭 단수이고 시제가 과거이므로 was를 쓴다.

주어 Strawberries가 3인칭 복수이고 시제가 현재이므로 are 를 쓴다.

어휘 dentist 치과의사

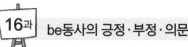

16과 be동사의 긍정·부정·의문   63쪽

문법 훈련 01

1. Is she very busy today? She isn't very busy today.

2. Is his uncle tall and fat? His uncle isn't tall and fat.

3. Was the English test difficult?

　 The English test wasn't difficult.

4. Are they elementary school students?

　 They aren't elementary school students.

5. Were Jenny and I at the museum?

　 Jenny and I weren't at the museum.

1~5. be동사의 의문문은 『Be동사+주어』의 형태이며, 부정문은 be동사 다음에 not을 붙여 흔히 축약형으로 많이 쓴다. is not의 축약형은 isn't, was not의 축약형은 wasn't, are not의 축약형은 aren't, were not의 축약형은 weren't이다.

문법 훈련 02

1. was **2.** Is **3.** Were **4.** Are **5.** is **6.** Are **7.** Is

1. 주어 It이 3인칭 단수이고 시제가 과거이므로 was를 쓴다.

2. 주어 your mother가 3인칭 단수이고 시제가 현재이므로 Is를 쓴다.

3. 주어 Tom and Mary가 3인칭 복수이고 시제가 과거이므로 Were를 쓴다.

4. 주어 his stories가 3인칭 복수이고 시제가 현재이므로 Are를 쓴다.

5. 주어 My pet cat이 3인칭 단수이고 시제가 현재이므로 is를 쓴다.

6. 주어 you가 2인칭 단수이고 시제가 현재이므로 Are를 쓴다.

7. 주어 Jim이 3인칭 단수이고 시제가 현재이므로 Is를 쓴다.

문법 훈련 03

1. Are, Yes, I am. **2.** Was, No, it wasn't.

3. Were, No, they weren't. **4.** Is, No, she isn't.

1. 의문문에서 주어가 you이므로, I로 대답한다.

2. 의문문에서 주어가 the movie이므로, 대명사 it을 주어로 대답하고 시제는 과거 was로 쓰되, 영화가 지루했다고 말했으므로 부정문(wasn't)으로 쓴다.

3. 의문문에서 주어가 the children이므로, 대명사 they를 주어로 대답하고 시제는 과거 were로 쓰되, 그들은 도서관이 아니라 집에 있었으므로 부정문(weren't)으로 쓴다.

4. 의문문에서 주어가 your English teacher이므로, 대명사 she
를 주어로 대답하고 시제는 현재 is로 쓰되, 그녀가 영국 출신이
므로 부정문(isn't)으로 쓴다.

시험에는 이렇게 나온다

1. I am not happy with my teacher.
2. Were they at the birthday party yesterday?
3. Was your mom healthy last year?
4. Are you and your friend hungry now?
5. Our plan wasn't so good.
6. It is summer in Singapore now.
7. Are your cats under the bed?
8. Is his name Adam?
9. Wasn't she your history teacher? **10.** ④

1. 나는 나의 선생님이 마음에 들지 않는다.
   am not은 축약형으로 쓰지 않는다.
   어휘 be happy with ~이 마음에 들다
2. 그들은 어제 생일 파티에 있었니?
   주어 they가 3인칭 복수이고 시제가 과거이므로 Were를 쓴다.
3. 너의 엄마는 작년에 건강하셨니?
   주어 your mom이 3인칭 단수이고 시제가 과거이므로 Was를
   쓴다.
   어휘 healthy 건강한
4. 너와 너의 친구는 지금 배고프니?
   주어 you and your friend가 3인칭 복수이고 시제가 현재이므
   로 Are를 쓴다.
5. 우리의 계획은 그렇게 좋지 않았다.
   주어 Our plan이 3인칭 단수이고 시제가 과거이므로 wasn't
   를 쓴다.
10. ① 너의 아버지는 영어를 잘했니? - 아니, 못했어. ② 그들은
    좋은 선생님들이니? - 응, 좋은 선생님들이야. ③ 작년에 너는
    음악 동아리에 있었니? - 아니, 없었어. ④ 너의 친구들은 좋
    니? - 응, 나는 좋아. ⑤ 메리는 그 시험에 대해 걱정하니? - 응,
    걱정해.
    ④번 문장의 주어 your friends는 3인칭 복수이므로 대명사
    they로 받아 Yes, they are.로 대답해야 한다.
    어휘 be good at ~을 잘하다 music club 음악 동아리
    be worried about ~에 대해 걱정하다

17과 일반동사의 과거 규칙 동사 66쪽

문법 훈련 01

1. looked, avoided, painted, talked, wished, pulled
2. lived, died, loved, liked, used, danced, moved, agreed, shared
3. tried, applied, satisfied, studied, replied, envied
4. stayed, played, enjoyed
5. stopped, dropped, grabbed, wrapped, clapped

1. **어휘** avoid 피하다 pull 당기다
2. **어휘** agree 동의하다 share 나누다
3. **어휘** apply 신청하다 satisfy 만족하다 reply 대답하다
5. **어휘** grab 붙잡다 wrap 싸다, 포장하다 clap 박수를 치다

문법 훈련 02

1. plays, played 2. studies, studied 3. drops, dropped
4. clean, cleaned 5. use, used

1. 1) 습관을 나타내므로 현재 시제 plays를 쓴다.
   2) 과거(last year)의 일을 나타내므로 과거 시제 played를 쓴다.
2. 1) 현재(these days)의 일을 나타내므로 현재 시제를 쓴다.
   study는 「자음+y」로 끝나기 때문에 y를 빼고 -ies를 붙여
   studies로 쓴다.
   2) 과거(two years ago)의 일을 나타내므로 과거 시제를 쓴
   다. study는 「자음+y」로 끝나기 때문에 y를 빼고 -ied를 붙여
   studied로 쓴다.
3. 1) 습관을 나타내므로 현재 시제를 drops를 쓴다.
   2) 과거(last week)의 일을 나타내므로 과거 시제를 쓴다. drop은
   「단모음+단자음」으로 끝나기 때문에 자음을 겹쳐 쓰고 -ed를
   붙여, dropped로 쓴다.
4. 1) 현재(now)의 일을 나타내므로 현재 시제 clean을 쓴다.
   2) 과거(yesterday)의 일을 나타내므로 과거 시제 cleaned를
   쓴다.
5. 1) 일반동사의 부정문은 『don't+동사원형』의 형태이므로 use를
   쓴다.
   2) 과거(last night)의 일을 나타내므로 과거 시제 used를 쓴다.

문법 훈련 03

1. shared 2. stayed 3. moved 4. picked up

1~4. before, last Sunday, yesterday, last weekend 등과 같
이 과거를 나타내는 부사구가 있으므로 과거 시제를 쓴다.

시험에는 이렇게 나온다

1. waited 2. stopped 3. listened 4. envied 5. saved
6. This shirt looked good on him.
7. Kevin solved the math problem easily.
8. I turned on the TV after dinner.
9. She studied Korean history very hard. 10. ③

1. 나는 오랫동안 그 세일을 기다렸다.
  빈칸 뒤에 전치사 for가 있으므로 wait를 써야 하며, wait의 과
  거형은 -ed를 붙여 waited로 쓴다.
  어휘 wait for ~을 기다리다 sale 세일
2. 그의 차는 빨간 불에서 멈추었다.
  stop은 「단모음+단자음」으로 끝나기 때문에 자음을 겹쳐 쓰고
  -ed를 붙여 stopped로 쓴다.
3. 우리는 수업 중에 선생님 말씀을 경청했다.
  빈칸 뒤에 전치사 to가 있으므로 listen을 써야 하며, listen의 과
  거형은 -ed를 붙여 listened로 쓴다.
  어휘 listen to ~을 경청하다
4. 그들은 그의 좋은 직장을 부러워했다.
  envy는 「자음+y」로 끝나기 때문에 y를 빼고 -ied를 붙여
  envied로 쓴다.
  어휘 envy 부러워하다
5. 그녀는 새로운 노트북을 위해 돈을 좀 저축했다.
  save의 과거형은 -d를 붙여 saved로 쓴다.
10. ① 비가 많이 오기 시작했다. ② 존은 켄과 야구를 했다. ③ 나
  는 작년에 제임스와 일본을 방문한다. ④ 그녀는 쇼핑 전에 인
  터넷을 검색했다. ⑤ 그들은 어제 축구 경기를 보았다.
  ③번 문장은 과거의 일을 나타내는 부사구 last year가 있으므
  로 visit가 아닌 과거 시제 visited로 써야 한다.
  어휘 search 검색하다

 **18과 불규칙 동사**

69쪽

문법 훈련 01

1. wrote 2. went 3. made 4. left 5. taught
6. bought 7. had 8. became 9. gave
10. came 11. drank 12. felt

문법 훈련 02

1. gave 2. ran 3. went 4. drank 5. heard
6. broke 7. met 8. lost

문법 훈련 03

1. had 2. took 3. told 4. found 5. made

1~5. before, two hours ago, last night, last Monday,
yesterday는 과거를 나타내는 부사구이므로 과거 시제를 써야
한다.

시험에는 이렇게 나온다

1. took 2. ran, fell 3. ate, drank 4. went
5. Grandma read a storybook to her children.
6. My family saw many animals at the zoo.
7. My mom cut the ribbon in half last night.
8. They lost their kid at the amusement park.
9. ③ 10. ④

1. 그녀는 그녀의 고양이를 잘 돌보았다.
  take의 과거형은 took이다.
2. 그 소년은 어제 뛰다가 넘어졌다.
  과거(yesterday)의 일을 나타내므로 과거 시제 ran과 fell로 써야
  한다.
  어휘 fall down 넘어지다
3. 그들은 지난 월요일에 에그 샌드위치를 먹었고 우유를 마셨다.
  과거(last Monday)의 일을 나타내므로 과거 시제 ate과 drank
  를 써야 한다.
4. 마크는 지난 주말에 제니와 스키 타러 갔다.
  과거(last weekend)의 일을 나타내므로 과거 시제 went를 써야
  한다.
9. 케빈은 그의 친구들과 좋은 시간을 가졌다.
  동사 had가 과거형이므로 과거를 나타내는 부사(구)와 함께 쓸
  수 있다. tomorrow는 미래를 나타내는 부사이다.

10. ① 나는 보통 매일 7시에 일어났다. ② 그의 아버지는 지난밤에 많은 물고기를 잡는다. ③ 그는 어제 아프다. ④ 케시는 오늘 아침에 그녀의 침대를 정돈했다. ⑤ 우리는 지금 그 인형들을 그 아이들에게 주었다.

① 현재의 습관을 나타내므로 현재 시제 get up을 써야 한다.

② 과거(last night)의 일을 나타내므로 과거 시제 caught를 써야 한다.

③ 과거(yesterday)의 일을 나타내므로 과거 시제 felt를 써야 한다.

⑤ 현재(now)의 일을 나타내므로 현재 시제 give를 써야 한다.

어휘 make one's bed ~의 침대를 정돈하다

19과 일반동사의 현재와 의문문 72쪽

문법 훈련 01

1. plays 2. Does 3. goes 4. Do 5. Does, go
6. cries 7. catches 8. fixes 9. sends 10. Does
11. does 12. try 13. Do 14. wipe

1. 주어 She가 3인칭 단수이므로 plays를 쓴다.
2. 일반동사의 의문문에서 주어가 3인칭 단수일 때는 Does를 쓴다. 주어 Ms. Brown이 3인칭 단수이므로 Does를 쓴다.
3. 주어 Mary가 3인칭 단수이므로 goes를 쓴다.
4. 주어 they가 3인칭 복수이므로 Do를 쓴다.
5. 일반동사의 의문문에서 주어가 3인칭 단수일 때는 Does를 쓴다. 주어 Sam이 3인칭 단수이므로 Does를 쓰고 주어 다음에는 동사원형이 나오므로 go를 쓴다.
6. The baby가 3인칭 단수이므로 동사에 s를 붙여야 하는데, cry는 y로 끝났으므로 y를 빼고 ies를 붙여 cries로 쓴다.
7. 주어 My father가 3인칭 단수이므로 동사에 s를 붙여야 하는데, catch는 ch로 끝났으므로 es를 붙여 catches로 쓴다.
8. 주어 His uncle은 3인칭 단수이므로 동사에 s를 붙여야 하는데, fix는 x로 끝났으므로 es를 붙여 fixes로 쓴다.
9. 주어 He가 3인칭 단수이므로 동사에 s를 붙여 sends로 쓴다.
10. 주어 Kevin이 3인칭 단수이므로 Does를 쓴다.
11. 주어 Sally가 3인칭 단수이므로 do에 es를 붙여 does로 쓴다.
12. 일반동사 의문문에서 주어가 3인칭 단수일 때는 『Does+주어+동사원형』의 형태로 쓰므로 주어 다음에 동사원형 try를 쓴다.
13. 주어 you가 2인칭 단수이므로 Do를 쓴다.
14. 주어 Tom and John이 3인칭 복수이므로 wipe를 쓴다.

문법 훈련 02

1. Susan sings songs on the stage.
2. He tries to help his friends.
3. My uncle drives a truck.
4. She takes a shower in the evening.
5. Peter wants a new backpack.
6. My mom washes the dishes after dinner.

1~6. 동사를 현재 시제로 고치고 주어가 3인칭 단수일 때는 동사 어미에 따라 -s, -ies, -es를 붙인다.

2. 주어 He가 3인칭 단수이므로 try에서 y를 빼고 -ies를 붙여 tries로 쓴다.
6. 주어 My mom이 3인칭 단수이므로 wash에 -es를 붙여

washes로 쓴다.

문법 훈련 03

1. Do we have snow in winter?
2. Does your aunt like classical music?
3. Does he always have dinner with his family?
4. Does Jane work in a post office?
5. Do they recycle plastics and paper?
6. Does the student wear glasses?
7. Do you care for your family?
8. Do they make it out of wood?

1~8. 일반동사의 의문문은 『Do+주어+동사원형』의 형태로 쓰는데 주어가 3인칭 단수일 때는 Does를 쓴다.

시험에는 이렇게 나온다

1. Do, have 2. goes 3. drinks 4. Do, need
5. Does, catch 6. Does Mark like fast food?
7. We do our homework together.
8. Jim carries the big box.
9. Do you keep a diary in English? 10. ③

1. 너는(너희들은) 오늘 수학 시험을 보니?
   의문문의 주어가 you이므로 Do를 맨 앞에 쓴다.
2. 켈리는 퇴근 후에 슈퍼마켓에 간다.
   주어 Kelly가 3인칭 단수이므로 go에 -es를 붙여 goes로 쓴다.
3. 샘은 밤에 절대로 커피를 마시지 않는다.
   주어 Sam은 3인칭 단수이므로 drink에 -s를 붙여 drinks로 쓴다.
4. 그들은 연필이 필요하니?
   의문문의 주어 they가 3인칭 복수이므로 Do를 맨 앞에 쓴다.
5. 그 고양이는 쥐를 잘 잡니?
   의문문의 주어 the cat이 3인칭 단수이므로 Does를 맨 앞에 쓴다.
9. 어휘 keep a diary 일기를 쓰다
10. ① 그녀는 매일 운동하니? ② 맥스와 제리는 만화를 그리니? ③ 톰은 제시간에 그 일을 끝낸다. ④ 앤은 멕시코 음식을 즐긴다. ⑤ 우리 언니는 방과 후에 그녀의 선생님과 얘기한다.
    ③번 문장에서 주어 Tom이 3인칭 단수이므로 동사 finish에 -es를 붙여 finishes로 쓴다.
    어휘 cartoon 만화 in time 제시간에 Mexican food 멕시코 음식

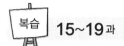

1. studies 2. cries 3. enjoys 4. gets 5. eats
6. got 7. missed 8. dropped 9. found 10. saw
11. Is, it 12. Are, I 13. Was, he 14. Were, they weren't
15. Is, there is 16. Was, he was 17. Are, they aren't
18. Were, we were 19. He did a good job.
20. Nancy flies a kite in the park.
21. The medicine tasted very bitter.
22. Were they classmates two years ago?
23. Wasn't he 13 years old last year?
24. She found a message on the sand.
25. My teacher moved to a new city.
26. They came to school on time yesterday.
27. James saw a pretty girl at the beach last week.
28. Were you worried about your math grades?
29. ⑤ 30. ④

2. cry는 주어가 3인칭 단수 현재일 경우 y를 빼고 -ies를 붙여 cries로 쓴다.
3. 주어 Tim이 3인칭 단수이므로 enjoy에 s를 붙여 enjoys로 쓴다.
8. 『단모음+단자음』일 경우 단자음을 하나 더 붙이므로 drop의 과거형인 dropped로 쓴다.
11. the soup이 3인칭 단수이므로 be동사 Is를 쓴다.
12. 주어 you가 2인칭 단수이므로 be동사 Are를 쓴다.
    어휘 be interested in ~에 관심 있다
13. he가 3인칭 단수이고 과거 시제이므로 Was를 쓴다.
14. 주어 they가 3인칭 복수이고 과거 시제이므로 Were를 쓴다.
15. 『There is ~』 구문의 의문문은 『Is there~?』로 쓰며 긍정으로 답할 때는 "Yes, there is."로 쓴다.
16. 주어 your uncle은 3인칭 단수이고 과거 시제이므로 Was를 쓰며, 답할 때는 대명사 he를 쓴다.
17. 주어 the students는 3인칭 복수이고 현재 시제이므로 Are를 쓰며, 답할 때는 대명사 they를 쓴다.
18. 주어 you and Mark는 3인칭 복수이고 과거 시제이므로 Were를 쓰며, 답할 때는 대명사 we를 쓴다.
20. 주어가 3인칭 단수 현재일 때 동사 fly는 y를 빼고 -ies를 붙여 flies로 쓴다.
24. 어휘 message 메시지
26. 어휘 on time 정시에
28. 어휘 be worried about ~에 대해 걱정하다 grade 점수
29. ① 케이트는 너의 가장 친한 친구니? ② 내 여동생과 나는 지난

밤에 잘 잤다. ③ 우리는 영어 시험을 위해 열심히 공부했다. ④ 그들은 어제 학교에서 점심을 먹었다. ⑤ 그녀는 3일 전에 넘어져서 그녀의 다리가 부러졌다.

⑤번 문장은 과거(three days ago)의 일이므로 breaks가 아닌 과거 시제 broke를 써야 한다.

어휘 fall over 넘어지다 break one's leg ~의 다리가 부러지다

30. ① 우리는 그 가게로 돌아갔다. ② 켈리는 좋은 음식을 먹으려고 노력한다. ③ 파블로 피카소는 위대한 화가니? ④ 그 서점은 2층에 있지 않았다. ⑤ 많은 북극곰들이 그들의 집을 잃었다.

④번 문장에서 주어 The bookstore는 3인칭 단수이므로 be동사는 weren't가 아닌 wasn't를 써야 한다.

어휘 Pablo Picasso 파블로 피카소 polar bear 북극곰 home 집, 가정

 20과 일반동사의 부정과 부정 의문   78쪽

문법 훈련 01

1. Peter doesn't wake up at 7.
   Doesn't Peter wake up at 7?
2. The store doesn't open on Sundays.
   Doesn't the store open on Sundays?
3. You and your brother don't come back home late.
   Don't you and your brother come back home late?
4. She doesn't make snowmen with her friend.
   Doesn't she make snowmen with her friend?
5. They sometimes don't see fireflies at night.
   Don't they sometimes see fireflies at night?

1~5. 일반동사의 부정문은 don't 다음에 동사원형을 쓰는데 주어가 3인칭 단수일 때는 doesn't로 쓴다. 그리고 일반동사의 부정 의문문은 『Don't+주어+동사원형』의 형태로 쓰며 주어가 3인칭 단수일 때는 Doesn't로 쓴다.

문법 훈련 02

1. she does / she doesn't 2. I do / I don't
3. they do / they don't 4. we do / we don't
5. he does / he doesn't 6. they do / they don't

1~6. 일반동사 의문문에는 대명사 she, he, it, they 등을 사용해 대답한다. 긍정적으로 대답할 때는 do나 does로 대답하고 부정적으로 대답할 때는 don't나 doesn't로 대답한다. 그리고 부정 의문문에 대한 대답으로 Yes가 나오면 뒤에는 무조건 긍정문이 따라 나오고, No가 나오면 무조건 부정문이 따라 나온다.

문법 훈련 03

1. Does 2. Does 3. Do 4. doesn't 5. do 6. don't
7. Does 8. Doesn't 9. run 10. don't

1. 의문문에서 주어 the earth가 3인칭 단수이므로 Does를 쓴다.
2. 의문문에서 주어 it이 3인칭 단수이므로 Does를 쓴다.
3. 의문문에서 주어 you가 2인칭 단수이므로 Do를 쓴다.
4. 부정문에서 주어 Susan이 3인칭 단수이므로 doesn't를 쓴다.
5. 의문문에서 주어가 3인칭 단수일 때는 『Does+주어+동사원형』을 쓰므로 주어 다음에 동사원형 do를 쓴다.
6. 부정문에서 주어 They가 3인칭 복수이므로 don't를 쓴다.
7. 부정 의문문에서 주어 his cat이 3인칭 단수이므로 Does를 쓴다.

8. 부정 의문문에서 주어 she가 3인칭 단수이므로 Doesn't를 쓴다.

9. 부정문에서 주어가 3인칭 단수일 때는 『doesn't+동사원형』으로 쓰므로 doesn't 다음에 run을 쓴다.

10. 주어 We가 3인칭 복수이므로 don't를 쓴다.

시험에는 이렇게 나온다

1. Do / I do 또는 We do 2. Does / he does

3. Do / they don't 4. Does / she doesn't

5. Does / she doesn't

6. Doesn't your sister have curly hair?

7. Does he practice English every day?

8. Sam doesn't eat seafood.

9. Doesn't she like sunflowers? 10. ①

1. 너는(너희들은) 학교에서 많은 것을 배우니?

일반동사 의문문에서 주어 you가 2인칭 단(복)수이므로 Do를 쓰고 대답할 때는 I나 we를 쓴다.

2. 제임스는 시간과 연습이 필요하니?

주어 James가 3인칭 단수이므로 Does를 쓰고 대답할 때는 대명사 he를 쓴다.

어휘 practice 연습

3. 샘과 메리는 교복을 입니?

주어 Sam and Mary가 3인칭 복수이므로 Do를 쓰고, 대답할 때는 대명사 they를 쓴다.

4. 그녀는 토요일에 도서관에 가니?

주어 she가 3인칭 단수이므로 Does를 쓴다.

5. 너의 할머니는 찬 음식을 좋아하니?

주어 your grandmother가 3인칭 단수이므로 Does를 쓰고 대답할 때는 she를 쓴다.

6. 어휘 curly hair 곱슬머리

8. 어휘 seafood 해산물

10. ① 존은 단것을 너무 많이 먹지 않니? ② 우리는 그 답을 모른다. ③ 너의 개는 공을 잘 잡니? ④ 너는 아침에 물을 많이 마시니? ⑤ 그녀는 수요일에 영어 수업이 없다.

①번에서 일반동사 부정 의문문의 형태는 『Doesn't+주어+동사원형』이므로 주어 다음에 동사원형 eat을 써야 한다.

어휘 sweets 단것 have English 영어가 있다(영어 수업이 있다)

문법 훈련 01

1. He didn't go to work on weekend.
   Didn't he go to work on weekend?

2. She didn't meet her friend after lunch.
   Didn't she meet her friend after lunch?

3. You didn't leave your cellphone on the bus.
   Didn't you leave your cellphone on the bus?

4. Dave didn't fix his bicycle in the morning.
   Didn't Dave fix his bicycle in the morning?

5. They didn't take pictures of birds last week.
   Didn't they take pictures of birds last week?

1~5. 일반동사의 과거 부정문은 『didn't+동사원형』의 형태이고 부정 의문문은 『Didn't+주어+동사원형』의 형태이다.

1. 부정문에서 동사 went의 동사원형은 go이므로 didn't go로 쓰고, 의문문에서는 Didn't he go~?로 쓴다.

2. 부정문에서 동사 met의 동사원형은 meet이므로 didn't meet로 쓰고, 의문문에서는 Didn't she meet~?로 쓴다.

3. 부정문에서 동사 left의 동사원형은 leave이므로 didn't leave로 쓰고, 의문문에서는 Didn't you leave~?로 쓴다.

4. 부정문에서 동사 fixed의 동사원형은 fix이므로 didn't fix로 쓰고, 의문문에서는 Didn't Dave fix~?로 쓴다.

5. 부정문에서 동사 took의 동사원형은 take이므로 didn't take로 쓰고, 의문문에서는 Didn't they take~?로 쓴다.

문법 훈련 02

1. you did / you didn't 2. I did. I didn't

3. they did / they didn't 4. we did / we didn't

5. she did / she didn't

1. Did I~?에는 Yes, you did.나 No, you didn't.로 인칭을 바꿔 대답한다.

2. Did you~?에는 Yes, I did.나 No, I didn't.로 대답한다.

3. 의문문에서 주어 Sam and Jill이 3인칭 복수이므로 대명사 they로 대답한다.

문법 훈련 03

1. Did they enjoy the party last night?
2. Did students eat lunch at the cafeteria?
3. Did Dave have a headache at school?
4. Did the soccer team win the game?
5. Did your cousin sit on the bench?
6. Did Nancy buy some fruit and vegetables?

1. 일반동사 과거 의문문의 형태는 『Did+주어+동사원형』이므로 문장 앞에 Did they를 쓰고 enjoyed의 동사원형 enjoy를 쓴다.
2. 일반동사 과거 의문문의 형태는 『Did+주어+동사원형』이므로 문장 앞에 Did students를 쓰고 ate의 동사원형 eat을 쓴다.
3. 일반동사 과거 의문문의 형태는 『Did+주어+동사원형』이므로 문장 앞에 Did Dave를 쓰고 had의 동사원형 have를 쓴다.
4. 일반동사 과거 의문문의 형태는 『Did+주어+동사원형』이므로 문장 앞에 Did the soccer team을 쓰고 won의 동사원형 win을 쓴다.
5. 일반동사 과거 의문문의 형태는 『Did+주어+동사원형』이므로 문장 앞에 Did your cousin을 쓰고 sat의 동사원형 sit을 쓴다.
6. 일반동사 과거 의문문의 형태는 『Did+주어+동사원형』이므로 문장 앞에 Did Nancy를 쓰고 bought의 동사원형 buy를 쓴다.

시험에는 이렇게 나온다

1. she didn't / worked 2. he didn't / told
3. they didn't / went 4. I didn't / played
5. they didn't / came 6. Didn't you sleep well last night?
7. We picked up the trash in the park.
8. She didn't wear a pink skirt yesterday.
9. Did they see stars at night? 10. ③

1. 너의 엄마는 병원에서 일하지 않았니? 아니, 안 했어. 그녀는 도서관에서 일했어.
   의문문에서 주어 your mother가 3인칭 단수이므로 대답할 때는 대명사 she를 쓰고, 과거 시제 문장이므로 work의 과거형 worked를 쓴다.
2. 피터는 너에게 사실을 말했니? 아니, 말 안 했어. 그는 나에게 거짓말했어.
   주어 Peter가 3인칭 단수이므로 대답할 때는 대명사 he를 쓰고 과거 시제 문장이므로 tell의 과거형 told를 쓴다.
3. 그들은 지난달에 스키를 타러 갔니? 아니, 안 갔어. 그들은 지난달에 스케이트를 타러 갔어.
   과거(last month)의 일을 나타내는 문장이므로 go의 과거형 went를 쓴다.

4. 너는 어제 피아노를 연주했니? 아니, 안 했어. 나는 어제 바이올린을 연주했어.
   Did you ~?로 질문하면 Yes, I did.나 No, I didn't.로 대답한다. 그리고 과거 시제 문장이므로 play의 과거형 played를 쓴다.
5. 그들은 지난 일요일에 스페인에서 돌아왔니? 아니, 안 돌아왔어. 그들은 지난 토요일에 돌아왔어.
   과거(last Sunday)의 일을 나타내는 문장이므로 come의 과거형 came을 쓴다.
7. **어휘** pick up 줍다
10. ① 그녀는 지난밤에 너의 컴퓨터를 사용하지 않았니? ② 낸시는 그녀의 팔에 애완동물을 안았니? ③ 너는 좋은 꿈을 꾸지 않았니? ④ 나는 알라딘 이야기를 몰랐다. ⑤ 샘은 그저께 운전해서 출근했니?
    ③번에서 일반동사 과거 부정 의문문의 형태는 『Didn't+주어+동사원형』이므로 주어 다음에 동사원형 have를 써야 한다.
    어휘 hold 잡다, 안다 have a good dream 좋은 꿈을 꾸다 Aladdin story 알라딘 이야기 drive to work 운전해서 출근하다

22과 be동사의 현재와 과거 84쪽

문법 훈련 01

1. is, 완전 자동사, 1형식 **2.** was, 불완전 자동사, 2형식
3. Was, 불완전 자동사, 2형식 **4.** Was, 불완전 자동사, 2형식
5. was, 불완전 자동사, 2형식 **6.** are, 완전 자동사, 1형식
7. Is, 불완전 자동사, 2형식 **8.** were, 완전 자동사, 1형식

1~8. be동사가 '~이 있다'로 해석되면 1형식의 완전 자동사이고, '~이다'의 뜻으로 2형식에 나오면 불완전 자동사이다.

1. 주어 She가 3인칭 단수이며 현재를 나타내므로 be동사 is를 쓴다.
2. 주어 I가 1인칭 단수이며 과거의 일을 나타내므로 be동사 was를 쓴다.
3. 주어 Tom이 3인칭 단수이며 과거의 일을 나타내므로 be동사 Was를 쓴다.
4. 주어 your cellphone이 3인칭 단수이며 과거의 일을 나타내므로 be동사 Was를 쓴다.
5. 주어 My school이 3인칭 단수이며 과거의 일을 나타내므로 be동사 was를 쓴다.
6. 주어 many students가 3인칭 복수이며 현재의 일을 나타내므로 be동사 are를 쓴다.
7. 주어 the Great Wall of China가 3인칭 단수이며 현재의 일을 나타내므로 be동사 Is를 쓴다.
8. 주어 They가 3인칭 복수이며 과거의 일을 나타내므로 be동사 were를 쓴다.

문법 훈련 02

1. it was / it wasn't **2.** it is / it isn't
3. they were / they weren't **4.** there was / there wasn't
5. they were / they weren't

1~5. be동사 과거 의문문에 긍정적으로 대답할 때는 『Yes, 주어+was/were.』이고 부정적으로 대답할 때는 『No, 주어+wasn't/weren't.』이다.

1. 의문문에서 주어가 the movie이므로 대답할 때는 대명사 it으로 쓴다.
2. 의문문에서 주어가 homework이므로 대답할 때는 대명사 it으로 쓴다.
3. 의문문에서 주어가 the gloves이므로 대답할 때는 대명사 they로 쓴다.
4. 『There is(was) ~』 구문의 의문문에 대한 대답은 긍정일 때는

Yes, there is(was).이고 부정일 때는 No, there isn't(wasn't).이다.

문법 훈련 03

1. Wasn't it a big mistake? **2.** Aren't big cities dangerous?
3. Isn't Internet shopping safe?
4. Wasn't it a piece of cake?
5. Wasn't Mozart a great musician?
6. Aren't some programs good for studying?
7. Isn't it your favorite baseball player's number?
8. Wasn't there a big dog in his house?

1~8. be동사의 현재 부정 의문문의 형태는 『Isn't(Aren't)+주어』이며, be동사 과거 부정 의문문의 형태는 『Wasn't(Weren't)+주어』이다.

시험에는 이렇게 나온다

1. they aren't / are **2.** it wasn't / was
3. he isn't / is **4.** there weren't / were
5. it wasn't / was **6.** Thomas Edison was an inventor.
7. Are dogs good pets?
8. Is money important to people?
9. Wasn't it rainy last Thursday? **10.** ⑤

1. 그 선글라스는 저렴하니? 아니, 저렴하지 않아. 비싸.
의문문에서 주어 the sunglasses가 3인칭 복수이므로 대답할 때는 대명사 they를 쓰고, 현재 시제 문장이므로 are를 쓴다. 영어에서는 안경(glasses)이나 선글라스(sunglasses) 그리고 바지(pants)처럼 사실 하나이더라도 '두 부분'으로 되어 있는 것들은 복수 형태로 쓴다는 것을 기억하자.
어휘 sunglasses 선글라스 cheap 저렴한, 싼 expensive 비싼
2. 그 콘서트는 재미있지 않았니? 아니, 재미있지 않았어. 그것은 좀 지루했어.
의문문에서 주어 the concert가 3인칭 단수이므로 대답할 때는 대명사 it을 쓰고, 과거 시제 문장이므로 was를 쓴다.
3. 그는 그 인터뷰에 긴장하니? 아니, 긴장하지 않아. 그는 신이 나 있어.
4. 내 양말이 소파 위에 있지 않았니? 아니, 없었어. 그것들은 소파 밑에 있었어.
『There were ~』 구문의 의문문에 대한 대답은 부정일 때 No, there weren't.로 쓴다.
5. 어제 그 스테이크는 맛있었니? 아니, 맛없었어. 그것은 좋지 않았어.

120

의문문에서 주어 the steak가 3인칭 단수이므로 대답할 때는 대명사 it을 쓰고, 과거 시제 문장이므로 was를 쓴다.

6. **어휘** Thomas Edison 토마스 에디슨 inventor 발명가

10. ① 너는 학교에 싫증이 나니? ② 그녀는 유명한 바이올리니스트가 아니니? ③ 그 수학 시험은 나에게 쉬웠다. ④ 우리는 어제 과학 실험실에 있지 않았다. ⑤ 거리에 커피숍이 많이 있지 않았니?

⑤번에서 there 뒤에 복수 many coffee shops가 나오므로 Wasn't가 아닌 Weren't를 써야 한다.

어휘 be tired of 싫증이 나다 science lab 과학 실험실 coffee shop 커피숍

1. Her sister doesn't go to university.
2. Weren't you scared of snakes?
3. They didn't take out the garbage.
4. Didn't you turn off the cellphone?
5. He wasn't a famous writer before.
6. Does your mom take you to the dentist?
7. Did Jill visit her uncle last weekend?
8. They don't take guitar lessons after school.
9. Did she lose her weight two years ago?
10. Wasn't Sally in the photo club at school last year?
11. Is 12. Does 13. Did 14. Were 15. drink
16. Isn't 17. Did / Yes, I did. 18. Yes, I did.
19. Do / No, I don't. 20. Did / No, they didn't.
21. Did / No, she didn't. 22. Did / Yes, he did.
23. Did / Yes, he did. 24. Do you like Vietnamese food?
25. Did he ask for help?
26. Does the store open at 11 o'clock?
27. The students didn't have questions.
28. Did Jane paint these pictures? 29. ④ 30. ③

1. 주어 Her sister가 3인칭 단수이므로 Her sister doesn't go~로 쓴다.
   어휘 go to university 대학에 가다

3. 일반동사 과거 부정문은 『didn't+동사원형』의 형태이므로 They didn't take out~로 쓴다.
   어휘 take out the garbage 쓰레기를 버리다

4. 일반동사 과거 부정 의문문은 『Didn't+주어+동사원형』의 형태이므로 Didn't you turn off~?로 쓴다.
   어휘 turn off ~을 끄다

6. 주어 your mom은 3인칭 단수이고 일반동사 현재 의문문은 『Does+주어+동사원형』의 형태이므로 Does your mom take~?로 쓴다.
   어휘 take 데려가다

7. 일반동사 과거 의문문은 『Did+주어+동사원형』의 형태이므로 Did Jill visit~?로 쓴다.

8. 주어 They는 3인칭 복수이고 일반동사 부정문은 『don't+동사원형』의 형태이므로 don't take~로 쓴다.
   어휘 take guitar lessons 기타 수업을 받다

9. 일반동사 과거 의문문은 『Did+주어+동사원형』의 형태이므로 Did she lose~?로 쓴다.
   어휘 lose (one's) weight 살을 빼다

11. Jake는 3인칭 단수이므로 Is를 쓴다.

   어휘 a good listener 남의 말을 잘 들어주는 사람

12. 의문문에서 주어 David가 3인칭 단수이므로 Does를 쓴다.

13. 의문문에서 주어 she가 3인칭 단수이므로 Does를 써야 되지만 과거 시제 문장이므로 Did를 쓴다.

14. be late for는 '~에 지각하다'라는 뜻으로 be동사가 필요하므로 Were를 쓴다.

15. 일반동사 의문문은 『Did+주어+동사원형』의 형태이므로 drink를 쓴다.

16. 의문문에서 주어 Kelly가 3인칭 단수이므로 Isn't를 쓴다.

17. 대화에서 It was delicious.라고 했으므로 과거의 일을 나타내는 문장이다. 일반동사 과거 의문문(Did)을 만들고, 문맥상 긍정적으로 대답해야 하므로 Yes, I did.를 쓴다.

18. 대화에서 It was great.의 It은 '휴가'를 가리키며 '휴가를 잘 보냈다'라는 의미이므로 긍정적인 대답을 해야 한다.

19. 대화에서 That's all.은 식당에서 음식을 주문하고 웨이터가 'Do you want anything else?(더 원하는 게 있나요?)'라고 물으면 더 이상 필요한 것이 없을 때의 대답으로 '그게 전부예요.'라는 뜻이므로 부정적인 대답을 해야 한다.

20. 대화에서 They took a bus.라고 했으므로 과거(last night)의 일을 나타내는 문장이다. 일반동사 과거 의문문(Did)을 만들고 문맥상 부정적으로 대답해야 하므로 No, they didn't.라고 해야 한다.

21. 과거(yesterday)의 일을 나타내는 문장이므로 일반동사 과거 의문문(Did)을 만들고 대답할 때는 Ally가 여자이므로 대명사 she로 받아야 한다.

22. 대화에서 He won first place in the game.이라고 했으므로 긍정적인 대답을 해야 한다. 대답할 때는 Max가 남자이므로 he로 받아야 한다.

23. 대화에서 He had the steak for dinner with her.라고 대답했으므로 긍정적인 대답을 해야 한다. 대답할 때는 Tom이 남자이므로 he로 받아야 한다.

24. **어휘** Vietnamese 베트남의

25. **어휘** ask for help 도움을 청하다

29. ① 주문하시겠어요? ② 낸시는 요리 솜씨가 좋지 않다. ③ 그는 그 모든 농구 선수들을 아니? ④ 우리 팀은 그 축구 경기를 이기지 않았다. ⑤ 그들은 수학 시험을 잘 보지 못했다.
   ④번의 일반동사 과거 부정문에서는 didn't 다음에 동사원형이 나와야 하므로 won이 아닌 win을 써야 한다.

   어휘 order 주문하다 a good cook 요리 솜씨가 좋은 사람 do well 잘하다

30. ① 너는 우리와 함께하고 싶니? ② 나는 도서관에서 내 가방을 잃어버리지 않았다. ③ 샘은 그의 가족을 그리워하니? ④ 그들은 전에 똑똑하고 재능이 있었다. ⑤ 너는 너의 형이 자랑스럽

지 않니?
   ③번의 일반동사 현재 의문문의 형태는 『Does+주어+동사원형』이므로, 주어 Sam 다음에 동사원형 miss를 써야 한다.

   어휘 miss 그리워하다 talented 재능이 있는 be proud of ~을 자랑스러워하다

틀린 문제만 모아 정리하세요.

틀린 문제만 모아 정리하세요.

틀린 문제만 모아 정리하세요.